발달단계별, 특성별로 접근한

자폐부모 교육

대표저자 **김붕년**

김준원·권미경·윤선아·강태웅·한일웅 공저

학지사

머리말

21세기에 출판된 자폐 스펙트럼 장애(ASD) 치료에 대한 효과성 연구의 결과를 종합해 보면, 다음의 세 가지로 요약할 수 있습니다. 첫째, 조기에 발견해서 충분한 치료를 제공하는 것이 좋다. 둘째, 사회성에 초점이 맞추어진 종합적 접근을 기능발달단계에 맞게 제공하는 것이 좋다. 셋째, 부모를 교육하고 부모가 치료에 참여할 수 있는 능력을 배양할 수 있게 돕는 것이 좋다. 이 중에서 주목할 것은 바로 부모 참여의 중요성입니다. 과거에도 이야기가 있었지만, 이를 뒷받침하는 충분한 근거가 21세기 들어 새롭게 확립되어 가고 있습니다.

부모참여의 중요성은 서울대학교병원 ASD 치료·교육 프로그램의 핵심원칙이었고, 현재도 그렇습니다. 가능한 이른 시기에 부모가 함께 참여할 수 있게 설계된 '애착증진 프로그램'이 그 효시라 할 수 있습니다.

그러나 전문가의 도움 없이 부모 스스로가 자신의 아이에게 맞는 치료방법을 선별하고 찾아 나아가는 것은 어렵고 힘든 일입니다. 진단명에 포함되어 있는 SPECTRUM이라는 단어가 암시하듯, 아이마다 참으로 다양한 기능수준, 문제유형과 행동-정서특성을 갖고 있기에 더욱 그렇습니다. 입소문으로 얻은 정보가 우리아이에게는 맞지 않는 경우가 많습니다. 더구나 아이가 성장하고 발달하면서 변해 가는 모습과 적응해야 할 상황에 맞는 치료법을 선택해야 하기에 부모의 혼란은 배가되기 쉽습니다.

우리는 이런 부모의 혼란을 줄여 주는 지침서가 필요하다는 생각을 오랫동안 해 왔습니다. 외래/병실에서, 아이존에서, 지역복지관에서, 특수학교(급)에서 교육과 설명을 꾸준히 해 왔지만, 이제는 보다 많은 분이 접할 수 있는 형태로 제대로 정리할 때라고 생각하고 있었습니다. 그런 절박한 마음이 들면서 이 책에 대한 구상을 하게 되었고, 종로아이존과 푸르메재단과의 만남을 통해 현실화할 수 있는 계기가 만들어졌습니다.

이 책에는 서울대학교병원에서 지난 수십 년간 ASD 아이들을 치료하고, 교육하고, 지원하면서 경험한 내용이 담겨 있습니다.

제1장은 부모가 가장 흔하게 궁금해하는 ASD 관련 질문에 답하는 형식으로 구성하였고, 제2장은 첫 진단을 받고 양육에 대해서 매일매일 고민하는 부모에게 어떻게 하면 아이를 좀 더 잘 이해하고 가까워지게 할 수 있을까를 생각하면서 구성하였으며, 제3장은 아이가 크면서 어린이집, 유치원, 학교 입학을 준비할 때 알아 두어야 할 특수교육에 대해서 설명하고 있습니다. 제4장은 ASD에 함께 나타날 수 있는 의학적 문제에 대해 충분히 알고 그에 대처할 수 있도록 구성하였고, 제5장은 ASD에서의 근거중심치료의 적용이 얼마나 중요한가를 강조하기 위해서 보완대체의학적 방법의 한계와 문제점에 대해 자세히 기술하였습니다.

책을 쓰고, 정리하고, 교정하다 보니 드려야 할 말씀이 아직 많이 남아있다는 생각에 오히려 아쉬움을 많이 느낍니다. 하지만 체계적인 근거중심의 부모교육 책이 꼭 필요한 시점이기에 그런 아쉬움을 뒤로하고 책을 내게 되었습니다.

　청소년기와 성인기의 ASD 적응과정과 치료-지원에 대한 내용이나 최근 새롭게 발전하고 있는 생물학적 연구결과와 그에 근거한 새로운 약물치료법, 심리사회적 치료법 그리고 특수교육적 접근의 성과 등에 대한 내용은 나중에 다른 책을 통해서 전할 수 있으리라 생각합니다.

　이제 제 마음속에 늘 간직하는 경구를 하나 말씀 드리고 마무리하고자 합니다. 감사합니다.

　"우리 아이는 우리 부부를 선택해서 온 귀한 손님이다. 그를
　　존중하라(고대 잠언)."

2017년 1월

대학로 연구실에서

김붕년 올림

차 례

제1장

자폐 스펙트럼 장애:
부모님이 가장 많이 궁금해하시는 것

1. 자폐 스펙트럼 장애란

자폐 스펙트럼 장애(Autism Spectrum Disorder, 이하 ASD)는 복합적인 발달장애를 포괄적으로 일컫는 용어입니다. 미국의 소아정신과 전문의나 보험회사에서 자폐 아동을 진단할 때 가장 많이 활용하는 것이 미국정신의학회(American Psychiatry Association, 이하 APA)에서 발간한 정신장애진단 및 통계매뉴얼(Diagnostic and Statistical Manual of Mental Disorders, 이하 DSM)입니다. 기존에 사용하던 것은 제4판 매뉴얼로 1994년에 발간되었고, 주로 'DSM-IV'로 널리 알려지고 사용되었습니다.

DSM-IV에 의해 자폐로 진단되기 위해서는 사회적 관계, 의사소통 및 놀이, 제한된 관심 및 행동 등의 세 가지 영역에서 장애가 필요합니다. 우선 사회적 관계 영역에서는 사회적 상호작용 시 비언어적 행동의 현저한 장애, 발달 수준에 적합한 또래 관계 발달의 실패, 사회적·정서적 상호작용의 부족 등을 들 수 있습니다. 의사소통 및 놀이 영역에서는 구어(spoken language) 양의 전반적인 부족이나 구어 발달의 지연, 대화 유지 능력의 문제, 반복적이고 상동적인 언어 사용 등이 관찰됩니다. 제한된 관심 및 행동 영역에서는 의미 없는 반복이나 의례에의 집착, 상동증 및 매너리즘적 행동, 사물의 부분에만 집착하는 양상 등이 관찰됩니다.

DSM-IV 정의상 자폐 장애는 만 3세 이후 진단이 가능한데, 3세 이전의 자폐 장애에 대해서는 사회적 상호작용, 언어의 사회적 사용,

가상 놀이와 같은 영역에서의 지연 혹은 기능 이상 등을 토대로 진단이 결정됩니다.

2. 새로운 진단기준: DSM-5에서의 변화

DSM-5에서는 이전 진단기준과 달리 신경학적 측면을 고려한 '신경발달장애(Neurodevelopmental disorder)'라는 새로운 항목을 만들었습니다. 여기에 기존에 존재하던 자폐 스펙트럼 장애(ASD), 학습장애(specific learning disorder), 뚜렛 증후군(tourette's disorder) 등을 포함시켰습니다. 따라서 자폐 관련 진단기준도 수정되었습니다. 또는 자폐 장애, 아스퍼거 장애, 상세불명의 전반적 발달장애라고 분류하지 않고 자폐 스펙트럼 장애라는 하나의 진단명으로 통합시켰습니다. 이에 덧붙여 '사회적 소통 장애'라는 진단명을 추가하여 대인관계가 서툴고 타인이 표정 및 몸동작의 의미를 읽지 못하는 아동들을 포함시켰습니다.

조금 더 구체적으로 진단기준을 살펴보면, 기존 DSM-IV에서는 아동의 12개 행동 영역 중 6개 이상에 해당될 경우 자폐 장애로 진단되었다면, DSM-5에서는 항목별 기준을 충족시켜야 하기 때문에 더 까다로워졌습니다. 또한 중증도를 세분화하였습니다. 중증도는 사회적 소통의 어려움, 관심 영역의 제한, 반복적인 행동의 정도로 인해 얼마만큼 주변의 지지가 필요한지에 따라서 급수가 나눠집니다.

이렇게 하나의 진단명으로 통일된 이유에 대해서는 여러 가지를 제시하고 있습니다. 자폐 관련 연구결과에서 어느 한 범주도 뚜렷이 구분되지 않는 한계점이 있었고, 장애를 가진 아동은 사회적 소통 능력에 어려움을 겪는 다양하고 광범위한 증상의 연속선상에 있는 것으로 보고되고 있기 때문입니다. 또한 미국정신의학회(APA)에서는 과거의 진단법이 부정확하다고 주장하며 자폐 스펙트럼 장애는 공통된 행동 이상으로 정의되기 때문에 중증도로 구별하는 것이 마땅하다고 주장합니다.

　하지만 이런 방향에 대하여 아쉬움과 불만의 목소리도 많이 있습니다. 실제 아스퍼거 증후군 아동들은 특정 정보 및 분야에 대한 지식 수준이 높은 반면 사회성이 부족한 것이 특징이고, 달리 분류되지 않는 전반적 발달장애 아동 역시 증상이 뚜렷하지 않고 일상생활에서의 기능 저하가 심하지 않아 기존의 자폐 장애와 같이 포함되는 것이 합당하지 않다고 주장하기도 합니다.

〈표 1-1〉 **자폐 스펙트럼 장애의 DSM-5 진단기준**

다음 A, B, C, D 진단기준을 모두 만족해야 한다.
A. 다양한 맥락에 걸친 사회적 의사소통과 사회적 상호교류의 지속적인 장애로, 현재 또는 발달력상에서 다음의 모든 양상이 나타난다(예로 든 것들은 실제 예를 보여 주기 위함이며, 해당하는 예를 모두 망라하는 것은 아니다). 　(1) 사회정서적 상호교환성의 결핍: 비정상적인 사회적 접근 및 주고받는 대화를 나누기 어려운 것(관심사, 감정, 정서의 상호교환과 반응이 적은 것 등에 의함)부터 사회적 상호작용을 전혀 시작하지 못하는 것까지의 범위에 걸쳐 있다. 　(2) 사회적 상호작용에 사용되는 비언어적 의사소통 행동의 결핍: 잘 협응되지 않는 언어적 · 비언어적 의사소통(눈 맞춤이나 신체 언어의 이상 또는

비언어적 의사소통을 이해하고 사용하는 능력의 결핍)부터 표정이나제스
처가 전혀 없는 것까지 이에 해당한다.
(3) 보호자가 아닌 사람과 발달연령에 맞는 적절한 관계를 형성·유지하지
못함: 서로 다른 사회적 상황에 맞게 행동을 조절하기 어려운 것(상징놀
이를 공유하기 어렵거나 친구를 만들기 힘든 것으로 나타남)에서부터
타인에 대한 관심이 없는 것까지 포함된다.

B. 행동, 관심 및 활동이 한정되고 반복적이고 상동적인 양상으로, 현재 또는
발달력상에서 다음 중 두 가지 이상의 양상이 나타난다(예로 든 것들은 실제
예를 보여 주기 위함이며, 해당하는 예를 모두 망라하는 것은 아니다).
(1) 상동화되고 반복적인 움직임, 사물의 사용, 또는 말(예를 들어, 단순한
운동 상동증, 장난감을 줄 세우기, 사물을 튕기는 행동, 반향어 또는 개
인 특유의 어구 사용 등)
(2) 같은 상태를 고집함, 일상적으로 반복되는 것에 대한 융통성 없는 집착,
또는 틀에 박힌 언어적·비언어적 행동(예를 들어, 사소한 변화에 대한
극심한 불편감, 하나에서 다른 것으로의 전환을 어려워함, 융통성 없는
사고 패턴, 인사하는 행동이 틀에 박혀 있음, 똑같은 일상 규칙을 반복
해야 하는 것, 매일 같은 음식을 먹음)
(3) 매우 제한적이고 고정된 관심을 갖고 있으며, 그 강도나 집중의 대상이
비정상적이다(예를 들어, 유별난 사물에 매우 강하게 애착이 되거나 몰
두함, 관심사가 매우 한정적이거나 집요함).
(4) 감각적인 자극에 대해 지나치게 높거나 낮은 반응성 또는 환경의 감각
적 측면에 대해 유별난 관심(예를 들어, 통증/열감/차가운 감각에 대한
무반응이 분명히 있음, 특정한 소리나 질감에 대해 특이한 반응을 보임,
지나치게 사물의 냄새를 맡거나 만져 봄, 불빛이나 빙글빙글 도는 물체
에 대해 시각적으로 매료됨)

C. 증상들은 어린 시절부터 나타나야 한다(하지만 사회적인 요구가 제한된 능
력을 상회할 때까지는 완전히 드러나지 않을 수 있다).

D. 증상들은 함께 매일의 기능을 제한하고 장해를 유발해야 한다.

출처: APA(2013).

3. 자폐 스펙트럼 장애는 얼마나 많은가요

자폐 스펙트럼 장애의 유병률에 관한 연구가 많이 시행되어 왔습니다. 기존의 역학연구에 따르면 10,000명 당 4.8명 정도로 보고하고 있지만, 연구 기간이 다양하고, 진단기준 및 도구가 일치되지 않은 한계점이 있습니다. DSM-IV 발표 이후에 보고되는 유병률은 10,000명 당 10~16명 정도로 나타나고 있고, 최근 미국 'Center for Disease Control and Prevention'의 통계에 따르면 1,000명 당 13.1명으로 나타났습니다(MMWR Surveillance Summaries, 2012). 보고되는 수치가 다양하기는 하지만 최근 20년간에 걸쳐 점점 증가하고 있는 것은 일관된 결과입니다. 특히 우리나라에서는 김영신 등(2011)이 대규모 전수조사를 통해 발표한 유병률이 2.64%였고, 이는 다른 국가에 비해 높은 결과였기 때문에 세계적인 주목을 받기도 했습니다.

4. 남자아이와 여자아이 차이가 있을까요

자폐와 관련된 모든 연구에서 남아가 여아보다 유병률이 높은 것으로 보고됩니다. 비율도 남아 3~4명당 여아 1명 정도로 전세계적으로 일정한 편입니다. 일부 연구에서 여아의 경우 지능이 더 낮다는 보고가 있었고 또 다른 연구에서는 여아의 경우 표면적으로 드러나는 사회성 기술이 더 양호하고 상동적·반복적 행동 그리고 행동 문제도 적은 것으로 보고되었습니다. 이렇게 성별 간 차이에 관해서는 향후 더 많은 연구가 필요한 상태입니다.

5. 집안의 경제력과도 상관이 있을까요

자폐증을 처음 보고한 Kanner(1943)는 환자들이 상류층 가정에서만 의뢰되었기 때문에 이러한 질병이 주로 상류층에서 발병하는 것으로 생각했습니다. 하지만 이러한 결과는 1970년대 이전 연구에서만 보고되었고, 이후 연구에서는 무관한 것으로 밝혀졌습니다. 따라서 자폐 스펙트럼 장애는 모든 사회경제적 계층과 가정에서 나타날 수 있으며, 어떤 교육 및 직업군에서도 비슷하게 발생할 수 있습니다. 하지만 부모의 학력이 높은 경우 자녀에 대한 관심이 높고 병원 접근성이 높아 병원과 치료시설 등에서 치료에 노출되는 경우가 증가할 수 있습니다.

6. 자폐 스펙트럼 장애 아동은 지능이 낮을까요

자폐 스펙트럼 장애에 관한 역학 연구를 살펴보면 약 50%에서 중증 혹은 심각한 지적장애를 가지며, 약 30%에서 경증 및 중등도의 지적장애를 가지고, 단 20%의 경우만이 정상지능을 보인다고 합니다. 따라서 ASD 아동의 70~75%는 지적장애를 동반한다고 할 수 있습니다. 지능이 낮을수록 사회적응이 좋지 않고, 상동행동과 자해 같은 행동문제가 더 많아지고 예후 역시 좋지 않습니다.

7. 자폐 스펙트럼 장애 아동의 특별한 재능

자폐 스펙트럼 장애를 가진 아동 중에는 기능 및 지능 수준에 비해 뛰어난 능력을 가진 경우가 있습니다. 이러한 능력은 ASD 아동의 약 10%에서 보고되고 있습니다. 이를 특별한 재능(savant skill)이라고 합니다. 기억력, 음악, 계산, 읽기, 기술적 · 지리학적인 능력, 미세운동협응, 감각식별 등 다양한 영역에서 나타날 수 있습니다. 이는 ASD 아동의 만족감과 자아존중감을 향상시킬 수 있으므로 부모는 자녀가 가진 능력을 일상생활에 적용하며, 교육과 발전에 활용하는 것이 필요합니다.

자폐 아동들이 주로 보이는 특별한 재능

- 구체적 개념, 규칙, 순서를 이해하는 능력
- 특별히 뛰어난 장기 암기력
- 수학 능력
- 컴퓨터 기술

- 음악적 재능
- 예술적 재능
- 시각적 사고력
- 문자를 해독하는 능력
- 지나칠 정도로 정직함
- 자신이 좋아하는 활동에만 지나치게 집중함
- 뛰어난 방향감각

출처: Ozonoff, Dawson, & McPartland (2002).

8. 부모가 잘못 키워서 그런 병이 생기는 건가요

　자폐증을 처음 보고한 Kanner(1943)는 이 질병의 원인을 '애정이 없는 엄마(refrigerator mothers)'라고 규정하였고, 이후 상당기간 자폐증은 어머니 때문에 생기는 증상이라고 오해를 받았습니다. 이로 인해 ASD 아동의 부모는 죄책감을 가지게 되고 자녀와의 애착관계에 대한 자신감을 잃어버리게 되었습니다. 결론적으로 이후 여러 연구에서 자폐 스펙트럼 장애는 부모의 잘못된 양육방식에 의해 발생하지 않는 것으로 확인되었습니다. 하지만 ASD 아동은 선천적으로 부모를 비롯한 타인과 (애착을 포함한) 관계를 맺는 것에 어려움을 보이므로 부모의 더욱 많은 노력이 필요한 것은 사실입니다.

9. 자폐 스펙트럼 장애의 원인은 무엇인가요

자폐 스펙트럼 장애는 단일 원인이 아니라 복합적인 요인으로 발생한다는 사실이 중요합니다. 대부분의 자폐 장애는 유전적 위험요소와 환경적 위험요소가 함께 작용하여 발병하는 경우가 많습니다.

1) 유전적 원인

자폐 스펙트럼 장애는 높은 유전적 소인을 가진 질환으로 유전율은 80%로 알려져 있습니다. 쌍생아 간 일치율을 살펴보면, 일란성은 70~90%, 이란성은 10% 전후이며, 1차 친척에게서 발생 위험도는 20배 이상 증가하는 것으로 보고됩니다. 반면, 형제간의 일치율은 0~17%로 다양한데, 형제간의 상대 위험도는 일반 인구의 약 25배 정도 되는 것으로 추정하고 있습니다. 2차 친척은 0.18%, 3차 친척은 0.12% 정도의 상대 위험도가 보고되어 형제의 위험률에 비해 매우 낮습니다. 하지만 실제 자폐 스펙트럼 장애로 진단되지 않더라도 환자의 형제나 부모에게서 인지기능장애나 의사소통장애 등 넓은 범위의 자폐표현형이 흔하게 보고됩니다. 결론적으로 ASD는 멘델의 법칙으로 유전되는 단일유전질환이 아니라, 다수 유전자의 변이가 동시에 작용하여 발생하는 복합유전질환이고, 유전자 간의 상호작용뿐 아니라 선천적·후천적 유전인자, 그리고 환경인자가 상호작용한 결과로 나타나게 됩니다.

2) 뇌영상 연구

다양한 방식의 뇌 자기공명영상(MRI) 연구들이 ASD에서 뇌의 구조, 연결성, 기능의 이상을 보고하고 있습니다. 현재까지의 연구들로 미루어, 뇌의 이상은 행동의 이상이 드러나기 전에 이미 존재했을 가능성이 높습니다. 따라서 뇌영상학적 방법을 통해 문제행동이 나타나기 전 단계의 생물학적 표지자를 발견할 수 있다면 조기치료가 가능하고 뇌 발달의 경로 자체를 변화시키는 등의 조금 더 근본적인 치료가 가능할 것으로 기대하고 있습니다.

ASD에 관한 뇌영상 연구는 사회적 지각과 관련되는 소위 사회적 뇌의 구조와 기능에 대해 많이 행해졌습니다. 사회적 지각이란 시선의 방향, 몸 움직임, 손의 제스처, 얼굴 표정, 기타 생물학적 움직임으로부터 오는 단서들을 통해 타인의 의도를 읽는 능력입니다. 이는 보다 복잡한 사회적 인지인 '마음 이론(theory of mind)'을 발달시키기 위한 기본 능력입니다. 연관된 뇌영역을 살펴보면 다음과 같습니다.

복부 후두피질 내에 있는 외측방추회(lateral fusiform gyrus)는 방추상 얼굴 영역(fusiform face area)이라고 불리며, 얼굴 자극을 인식하고 구별하는 데 중요한 역할을 합니다. 변연계에 있는 편도도 다른 구조와 밀접하게 연결되어 얼굴 표정을 통해 타인의 감정을 인지하거나 정서를 조절하는 역할을 합니다. 편도는 측두엽의 외측 표면에 있는 위관자고랑(superior temporal sulcus)과 연결되어 있습니다. 이 부위는 생물학적 운동을 지각하고 해석함으로써 타인의 행동, 의도, 심리상태와 성향 등을 해석하는 데 중요한 기능을 합니다. 사회

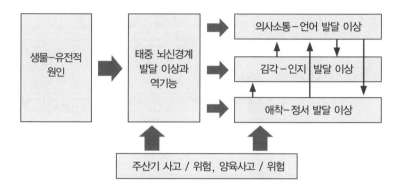

[그림 1-1] 자폐 스펙트럼 장애에서 원인-태중 뇌신경계 발달 이상-
출생 후 복합적 발달 이상

출처: Pelphrey & Carter (2008).

적 인지 및 지각과 관련되어 있는 뇌 해부학적 부위의 모식도는 [그림 1-1]에 나타나 있습니다.

3) 환경적 원인

자폐 스펙트럼 장애에서 일란성 쌍생아 일치율이 100%가 아닌 점, 최근 수십 년간에 걸쳐 유병률이 증가했다는 점으로 인해 ASD의 환경적 원인에 대한 관심이 높아졌습니다. ASD 발생에 기여할 가능성이 높은 환경적 원인들은 주산기 감염, 조산이나 둔위분만, 저체중아, 출생 시 호흡 부전 등 주산기 관련 위험요인, 고연령임신, 대기오염 물질, 중금속 등 다양합니다. 하지만 이 중 어떤 것도 ASD의 환경적 원인으로 확정된 것은 없습니다(Schieve et al., 2011). 1990년대 후반 홍역-볼거리-풍진(MMR) 예방접종이 자폐를 유발한다는 주장이 있어서 사회적으로 큰 이슈를 불러일으켰으나 이후 시행된 대규모 역학 연구에서 MMR 예방접종과 ASD는 관련이 없는 것으로 확인되었습니다(Chen et al., 2004).

요약하자면, ASD는 환경적 원인 단독에 의한 것이라기보다는 취약한 유전적 특성을 가진 개체에서 유전자 – 환경의 상호작용 결과로 발생하는 것으로 생각됩니다. 즉, 유전적으로 취약한 개체에서 환경 인자가 작용하게 되면 양자 간의 상호작용에 의해 태내 신생아의 뇌 발달에 영향을 주게 되고, 신경세포의 성숙과 구조 형성에 문제를 일으킴으로써 ASD의 증상이 나타나는 것으로 추정하고 있습니다.

10. 아동이 보이는 모습들: 자폐증상

자폐 스펙트럼 장애를 가진 아동은 잘 아시다시피 타인과의 의사소통과 사회적 상호작용에 어려움이 있습니다. 반복적 행동을 보일 수도 있고, 어떤 관심사에 지나치게 집착할 수도 있습니다. 하지만 그 증상과 정도는 모두 다르고 다양하게 표현될 수 있으며, 시간이 지남에 따라 양상이 변할 수도 있습니다. DSM 진단기준은 지나치게 요약적인 면이 있어 실제 임상에서 아동을 관찰할 때는 더욱 자세한 관찰이 필요합니다. 다음에 제시되는 행동은 정상과 비정상의 연속선상에 존재하므로, 단순히 증상의 유무를 판단하는 것이 아닌 질적으로 어떠한지, 그 연속선상 어디에 위치하고 있는지가 중요합니다.

1) 사회성의 결핍

(1) 의사소통의 어려움

자폐 스펙트럼 장애를 가진 아동은 사회적 접근이나 상호작용을 전혀 시작하지 못하는 것부터 부적절한 방식으로 시도하는 것까지 광범위하게 나타납니다. 영유아기에는 눈 맞춤이 어렵고, 한곳을 응시하는 것에도 어려움을 겪습니다. ASD를 가진 고연령 아동이나 청소년에서는 너무 빤히 쳐다보는 등의 부자연스러운 눈 맞춤이 나타나며, 이와 동반하여 비언어적인 몸짓이 적은 것이 특징입니다. ASD 아동은 언어의 지연이 있더라도 이를 보완하기 위한 비언어적 의사소통을 사용하지 않습니다. 말의 높낮이가 단조롭고, 억양이 독특하고, 음조가 너무 높거나 낮고, 말소리의 크기나 리듬이 독특한 경우도 있습니다.

(2) 비언어적 의사소통

여기서 중요한 행동이 합동 주시입니다. 이는 의도를 가진 의사소통의 일종으로 나타나는데, 타인에게 관심 있는 사물을 가리켜 보여 줌으로써 관심을 유도하는 행동인 행동 주시 개시와 타인의 가리키기, 시선 등에 반응하여 타인과 관심을 공유하는 행동인 합동 주시반응 두 가지가 있습니다. ASD 아동은 4~5세가 되더라도 타인을 주목하게 만들기 위한 눈 맞춤, 가리키기, 소리내기 등을 사용하지 않고, 타인과 함께 주시하지 않는 경우가 많이 있습니다.

(3) 자기 자신만의 관심사

ASD 아동은 표현하는 것만이 아니라 타인의 생각과 감정을 이해하는 것 역시 느리게 발달합니다. 몸짓과 얼굴 표정을 해석하는 능력이 없는 아동에게 세상은 퍼즐 혹은 암호와 같이 느껴집니다. 또한 사람마다 자기만의 생각과 감정, 목적이 있다는 점을 이해하지 못합니다. 그래서 조금 큰 아동·청소년이나 언어가 유창한 ASD 아동은 대화 시 자신의 관심사에 대해서만 일방적으로 이야기하고, 상대방의 반응을 신경 쓰지 않습니다. 그러므로 대화는 쉽게 중단되고, 관심사를 공유하기 어렵습니다.

2) 반복적이고 제한된 행동, 관심, 활동

(1) 반복적인 움직임

ASD의 가장 대표적인 행동입니다. 가장 흔한 것은 손가락을 튕기거나 꼬기, 빙글빙글 돌기, 위아래로 뛰기 등이 있습니다. 사물의 일부분에 집착하고, 보통의 용도와는 다른 방식으로 사용하기도 합니다.

(2) 말을 따라 하는 아동(반향어)

오직 한 단어로만 말하거나 같은 문구를 계속해서 반복하기도 합니다. 들은 말을 그대로 따라 하기도 하는데, 이를 반향어(echolalia)라고 합니다. 상대방의 말을 그대로 따라 하는 것은 즉각반향어, 과거에 들었던 이야기를 반복하는 것은 지연반향어라고 합니다. 이런 증상은 대부분 만 3세가 지나면 사라집니다. 이와 반대로 조숙한 언어와 방대한 어휘력을 보이는 아동도 있으나 대화를 지속시키기에는 어려움이 있습니다.

(3) 고집스러움

일상생활에서 자신이 해 오던 규칙을 융통성 없이 그대로 반복하려고 하고, 때로는 집착이 심해집니다. 다른 것으로의 전환이 어려워 식사나 옷 입기, 목욕하기, 같은 시각에 같은 길로 등교하기 등의 일상에 약간의 변화만 발생해도 큰 스트레스를 받습니다.

(4) 제한되고 변하지 않는 관심

매우 제한되고 고정된 관심을 가지고 있으며, 그 강도나 집착이 지나칠 수 있습니다. 관심사의 대상이 특이하고(예: 선풍기, 변기, 신호등, 냄비의 종류, 지구멸망 등), 그 정도가 심하고(토마스 기차, 기차 시간표, 노선표에 관한 지나치게 상세한 정보), 다른 사람과 공유하기가 어렵습니다. 시간이 지남에도 크게 변화가 없다는 점이 특징입니다.

(5) 일상적인 자극에 예민함

주변에서 흔하게 있을 수 있는 자극에 대해 지나치게 예민하고, 극심한 반응을 보일 수 있습니다(예: 변기 물 내리는 소리, 진공청소기 소리 등). 반면, 통증에는 지나치게 둔감한 경우도 있습니다. 그 외에도 시각, 촉각, 청각, 미각 혹은 후각 등의 감각에는 예민성을 더 많이 보입니다.

11. 조금 더 일찍 발견할 수는 없을까요

자폐 진단을 위해서 DSM-IV에서는 36개월 이전에 증상이 시작되어야 한다고 명시되어 있지만 DSM-5에서는 연령기준을 삭제하고 어린 시절부터 시작해야 한다고 정의하고 있습니다. 실제로 많은 ASD 아동은 12~24개월 사이에 발달 이상을 보인다고 하며, 12개월 이전에도 위험 징후가 있다고 합니다. 조기에 개입할수록 좋은 예후를 기대할 수 있기 때문에 이에 대한 정보가 중요하고 생후 24개월 이전에는 다음 사항들을 확인해야 합니다(Turner-Brown et al., 2013).

- 눈 맞춤과 사회적 미소를 보이지 않는 것
- 이름을 불러도 돌아보지 않는 것
- 언어를 잘 이해하지 못하는 것
- 몸짓 등의 비언어적 의사소통을 하지 않는 것
- 어른의 행동을 모방하지 않는 것
- 합동 주시에 대한 반응이 없거나 유도하기 위한 행동도 없는 것

12. 자폐 관련 평가도구 중 어떤 것이 가장 믿을 수 있나요

자폐 스펙트럼 장애 평가에 있어서 상세한 발달력과 직접적인 관찰이 핵심과정이지만, 이 과정에서 평가도구를 사용하면 표준화된 과정을 적용할 수 있습니다. 여러 도구 가운데 자폐증 진단관찰척도 (Autism Diagnostic Observation Schedule, 이하 ADOS)와 자폐증 진단 면담지 개정판(Autism Diagnostic Interview-Revised Version, 이하 ADI-R)은 ASD 연구와 진료에서 가장 널리 쓰이는 도구입니다. 이 도구들은 아동의 자폐적인 특성에 관한 포괄적이고 신뢰할 수 있는 정보를 제공합니다. 먼저 ADOS는 아동을 직접 관찰하는 반구조화된 도구로서 놀이나 대화를 통해 사회적 상호작용이 일어날 수 있는 상황을 만들고, 여기서 드러나는 행동을 관찰, 정해진 기준에 따라 점수를 부여하게 됩니다. ADI-R은 보호자를 대상으로 하는 면담 도구로, 발달의 전 영역에 걸쳐 매우 상세한 발달력과 ASD 관련 증상의 상세한 정보를 얻을 수 있습니다. 추가로 행동평정 척도로 자폐 아동을 다른 발달장애 아동과 구별하고 자폐의 정도를 구분하도록 고안된 한국형 아동기 자폐증 평정 척도(The Korean version of Childhood Autism Rating Scale, 이하 CARS)는 자폐성 장애의 진단을 위해 흔히 사용되고 있습니다. 자세한 설명은 다음을 참고하시면 됩니다. 하지만 중요한 것은 이런 도구가 임상적인 판단에 가장 근접할 수 있게 하는 것이 그 개발의 목적이며, 어떤 도구도 주의 깊은 임상적 평가를 대체하지 못한다는 점입니다.

1) 자폐증 진단관찰척도(ADOS)

아동의 발달적 · 언어적 수준에 따라 네 가지 요소(module)로 구성되어 있습니다. 대상연령은 영유아기에서 어른까지 가능하며 각 요소의 시행시간은 30~45분 정도 소요됩니다. 각 구성 요소의 기준은 다음과 같습니다.

• 요소 1: 발달연령이 3세 이하이고, 간단한 어구 사용만이 가능
• 요소 2: 세 단어 이상의 어구 사용, 표현언어 30개월 이상
• 요소 3: 유창한 언어, 표현언어 48개월 이상의 아동과 청소년
• 요소 4: 유창한 언어를 사용하는 청소년 혹은 성인

[그림 1-2] 자폐증 진단관찰척도에서 사용하는 놀이도구

2) 자폐증 진단 면담지 개정판(ADI-R)

아동의 발달 및 행동에 대하여 잘 알고 있는 주 양육자와의 면담을 통하여 정보를 수집하고 정해진 기준에 맞추어 평가하게 됩니다. 최소한 만 2세가 넘어야 가능하고 만 4~5세 시기 또는 문제행동이 현저하게 나타났을 때에 초점을 맞추게 됩니다(만 4세 이하인 경우에는 최근 12개월이 기준). 총 93항목으로 구성되어 있으며, 숙련되고 검증된 검사자에 의해 진행되고, 전체 검사에는 1시간 30분에서 3시간가량 소요됩니다.

3) 한국형 아동기 자폐증 평정 척도(CARS)

자폐 아동의 진단적인 선별과 분류를 위해서 개발된 척도로 김태련과 박랑규에 의해 국내 표준화가 이루어졌습니다. 부모나 주양육자와의 개별적인 면담과 아동에 대한 관찰을 통해 총 15개 문항에

[그림 1-3] 자폐증 진단 면담지 개정판(ADI-R)

대해 각 문항마다 1점에서 4점까지 평정하도록 되어 있고, 항목은 DSM-IV 진단기준과 유사하게 구성되어 있습니다. 총점 29.5점 이상을 경도의 자폐증상이 있는 것으로 분류하며, 37점 이상을 중등도의 자폐 장애로 분류하게 됩니다. 자폐성 장애의 등급 판정은 ① 자폐성 장애의 진단명에 대한 확인, ② 자폐성 장애의 상태 확인, ③ 자폐성 장애로 인한 정신적 능력장애 상태의 확인, ④ 자폐성 장애 등급의 종합적인 진단의 순서로 구성되어 있습니다. 그중 CARS는 ③ 자폐성 장애의 상태 확인을 위해 흔히 사용되고 있습니다. 하지만 이 척도 역시 종합적인 진단을 위한 보조도구로서의 역할을 하는 것이므로 척도의 결과만으로 진단을 내리는 것은 아닙니다.

13. 자폐 스펙트럼 장애와 다른 질환이 같이 있을 수 있나요

자폐 스펙트럼 장애는 매우 다양한 질환이 공존할 수 있습니다. 이러한 공존질환이 해결되지 않으면 ASD 증상의 치료를 방해할 수 있고, 아동의 일상생활 기능에 악영향을 끼칠 수 있습니다. 따라서 보호자들은 아동의 자폐 관련 증상과 구분되는 다른 공존질환이 있는지 면밀히 살펴보는 것이 필요합니다. 가장 흔히 동반되는 질환은 다음과 같습니다.

1) 주의력결핍 과잉행동장애(ADHD) 아동

이전 DSM-IV 진단기준에서는 ASD와 ADHD를 동시에 진단할 수 없었습니다. 하지만 새로 개정된 DSM-5 진단기준에서는 기준만 만족한다면 두 가지 모두 진단하는 것이 가능합니다. 실제로 ASD 아동의 41~78%에서 ADHD 증상이 동반하는 것으로 알려져 있으며, 이런 경우 행동문제가 더 심각하고, 학습적인 성취 역시 더욱 떨어지게 됩니다. 그러므로 보호자들은 ASD에 동반된 ADHD 증상을 잘 평가하고, 만약 증상이 있다면 이에 대한 적극적인 치료가 필요합니다.

2) 불안해 보이는 아동

ASD를 가진 아동이나 청소년들이 가장 많이 호소하는 증상이 불안입니다. 불안은 결국 사회적 상호작용의 이상과 서로 연결되어 영향을 주고받습니다. 두 가지가 공존하는 경우를 11~84%로 광범위하게 보고하고 있는데, 이는 불안장애의 종류가 다양하기 때문이며, 이에 대한 평가 및 치료적 접근이 필요합니다.

3) 예민하고 공격적인 아동

보호자들이 가장 걱정하고 다루기 힘들어하는 모습이 예민하고 공격적인 모습입니다. 이를 자극과민성이라고 합니다. 충동적인 공격성, 심한 분노발작, 자해행동 등을 보이며 심한 경우 입원치료가 필요하게 됩니다. 대체로 30% 전후의 ASD 아동에서 이러한 자극과민성이 보고되고 있으며, 병원에서 시행하는 약물치료의 주된 목표 증상 가운데 하나입니다.

4) 틱 증상을 보이는 아동

자폐 스펙트럼 장애에서 틱은 매우 흔한 증상입니다. 음성 틱과 운동 틱이 동시에 나타나는 경우 뚜렛 장애로 진단할 수 있습니다. 또한 뚜렛 장애의 6~11%에서 ASD가 동반되는 것으로 보고되며, 이는 뚜렛 장애의 공존질환 가운데 ADHD, 강박증에 이어 세 번째로 흔한 것입니다. 뚜렛 장애 역시 일상생활에 의미 있는 장해를 가져올 수 있으므로 적극적인 약물치료가 필요한 대상입니다.

14. 혹시 약물로 자폐증상을 치료할 수 있나요

자폐 스펙트럼 장애의 핵심증상인 사회적 상호작용의 결핍이나 의사소통의 문제를 호전시킬 수 있는 약물은 현재 개발되지 않았습니다. 그보다는 불안이나 우울, 강박증, 과잉행동, 주의력 결핍, 수면 문제 등의 동반증상이나 공격성, 자해행동, 심한 상동행동 등의 문제를 치료할 목적으로 약물을 사용하고 있습니다. 적절한 목적을 가지고 잘 계획된 약물치료는 심리사회적 치료와 특수교육을 더 효과적으로 만들 수 있습니다. 이는 결국 ASD 아동의 전반적인 적응기능을 향상시키게 됩니다. 점점 더 많은 ASD 아동이 약물치료를 받고 있으며, 나이가 들수록 약물치료를 받는 비율이 더 늘어나고 있는 추세입니다(Adam, Lam, & Collier-Crespin, 2003).

1) 반복적이고 제한된 행동과 강박증상

자폐 스펙트럼 장애의 핵심증상 중 하나인 상동행동과 강박증상을 치료하기 위한 약물학적 연구는 많이 되고 있지만 그 효과는 크지 않은 것으로 보고되고 있습니다. 이론적으로 세로토닌 길항제인 선택적 세로토닌 재흡수 억제제(selective serotonin reuptake inhibior, 이하 SSRI)와 클로미프라민(clomipramine)은 정상발달 아동의 강박증과 불안장애에 효과가 있으며, 실제 ASD에서 세로토닌 이상이 있는 것으로 보고되어 치료 약물로서의 기대를 받았습니다. 얼마 동안 이와 같은 이론이 강력하게 주장되었지만, 1993년 Gordon의 연구의 의하면 클로미프라민의 긍정적인 효과와 함께 과민함, 분노발작, 공격성 등이 증가하는 경우가 75%나 된다고 보고하였습니다. 이 외에도 대표적인 SSRI인 플루옥세틴(fluoxetine) 또는 시탈로프람(citalopram)이 임상적으로 큰 효과가 없었다는 보고가 있었습니다(King et al., 2009). 따라서 아직까지는 연구가 더 필요한 상태입니다.

한편, 항정신병 약물(antipsychotic drug)은 자폐에서의 상동행동에 효과가 있는 것으로 밝혀졌습니다. 'Research Units on Pediatric Psychopharmacology(RUPP) Autism Network'라는 대규모 연구

에도 이와 같은 효과가 입증이 되었고, 후속 연구에서도 같은 결과를 보고하였습니다. 결론적으로 ASD 아동에서의 상동행동과 강박 증상에는 SSRI와 같은 항우울제보다는 항정신병 약물이 더욱 효과적입니다.

2) 과민함, 분노발작, 공격성

ASD 아동에서 과민함, 분노발작, 공격적인 모습은 흔하게 동반되는 문제입니다. 미국식품의약국(US Food and Drug Administration)은 이와 같은 증상에 효과적인 약물로 두 가지를 승인, 인정하고 있습니다. 리스페리돈(risperidone)과 아리피프라졸(aripiprazole)이 이에 해당되는 약물입니다. 다른 항정신병 약물도 비슷한 효과를 보인다는 보고가 있지만, 공식적으로 승인된 것은 이 두 가지입니다. 효과가 큰 만큼 부작용에 대한 고려가 필요합니다. 많은 경우에 식욕이 항진되며 그로 인해 체중 증가, 당뇨의 위험성, 심혈관계 부작용의 위험성이 높아질 수 있습니다.

3) 자해행동

ASD 아동에서의 자해행동은 상동행동에서 이어지는 경우가 많습니다. 하지만 자해행동 자체는 자폐 진단기준에 속하지 않으며 실제 자해행동을 하는 ASD 아동의 수는 많지 않습니다. 하지만 일단 발생한다면 그 피해는 클 수 있습니다. 예를 들어, 반복적으로 머리를 치는 아동은 망막박리로 인해 실명의 위험성이 있고, 반복적으로 손가락으로 후비거나 뜯는 경우 큰 상처를 남길 수 있습니다. 몇몇 사례에서 날트렉손(naltrexone)이 도움이 되었다고 하며, 아동의 불안, 좌절과 같은 정서적인 어려움으로 인해 발생한 경우에는 항정신병 약물 혹은 항불안제가 도움을 줄 수 있습니다. 과민함이 동반된 ASD 아동의 경우는 위에 설명한 대로 리스페리돈 약물치료를 통해 자해행동이 호전될 수 있습니다(Arnold et al., 2003).

4) 과잉행동

과잉행동은 ASD의 핵심증상은 아니지만 매우 흔하게 관찰됩니다. 여러 증상 중 과잉행동을 주목해야 하는 이유는 이 증상으로 인해 ASD 아동이 주변 사람들과 여러 가지 문제를 발생시키고 갑자기 차도로 뛰어드는 등의 행동으로 스스로를 위험에 빠지게 하기 때문입니다. ADHD 아동에서 흔히 쓰이는 약물인 메틸페니데이트(methylphenidate)와 아토목세틴(atomoxetine)이 도움이 되는 것으로 알려졌지만, ADHD 아동에 비해 치료 반응률이 떨어지고, 부작용 발생률은 더욱 높은 것으로 보고 되어 있습니다.

5) 불안증상

불안증상 역시 ASD의 핵심증상은 아니지만, 기저에 있는 불안증상이 ASD 아동의 문제행동을 일으키는 경우가 많이 있습니다. 따라서 적절한 치료가 필요하지만 기존의 항불안제 혹은 항우울제로는 큰 호전을 기대하기 어렵습니다. 이 증상 역시 항정신병 약물에 더 좋은 반응을 보입니다.

15. 우리 아이가 어른이 되면 어떻게 지내나요

자폐증상은 대체로 평생 지속되는 것으로 생각되며, 아주 낙관적인 예후는 아닙니다. ASD 아동 가운데 지능지수가 70 이상이면서 5~7세에 의사소통이 가능한 언어능력을 습득한 경우에 예후가 가장 양호한 것으로 알려져 있습니다. 지능이 높은 ASD 아동을 5세부터 성인 초기까지 추적 관찰한 결과, 매우 소수의 환자만이 더 이상 ASD 진단에 해당되지 않았고 대부분의 경우는 특징적인 증상이 많이 남아 있었습니다. 전체적으로 성인 ASD 환자의 2/3는 독립적인 생활이 어렵다고 하며, 1~2%만이 직업을 갖고 의미 있는 대인관계를 맺으며 생활하는 것으로 보고되었습니다. 5~20%는 직업과 대인관계 측면에서 경계선 정도의 기능을 유지하는 것으로 보고됩니다. 한편, 지금은 ASD에 포함되지만 기존 진단체계에 의해 아스퍼거 증후군으로 진단받은 아동은 성인이 된 이후 50% 정도가 독립적인 생활이 가능하고, 지적능력과 언어능력이 우수함에도 여전히 대인관계의 어려움을 겪게 된다고 합니다. 증상별 예후를 살펴보면, 의사소통 능력과 사회적 상호작용 능력은 많이 호전되는 반면, 강박적이고 의식적인 행동은 큰 호전을 보이지 않습니다. 청소년기가 되면 행동문제와 충동성이 더 심해지고 성적인 문제를 일으키기도 하므로 더욱 주의가 필요합니다.

16. 자폐 스펙트럼 장애를 가진 아동과 그 형제자매에 관한 내용

자폐 스펙트럼 장애는 앞서 설명한 대로 유전적 위험인자를 가지고 있으므로 형제자매에서 이 질환이 발생할 가능성은 일반 아동들에 비해 상대적으로 높습니다. 이환되지 않았더라도 그런 성향 역시 관찰될 수 있습니다. 따라서 부모는 다음 임신에 대한 걱정이 클 것입니다. 하지만 ASD 아동은 유전적 요인과 환경적 요인의 복합작용, 즉 돌연변이에 의한 것이지 단지 유전만으로 설명할 수는 없습니다. 그리고 전체 ASD 아동의 10% 정도가 유전적 이상(취약 X 증후군, 결절성 경화증 등)에 의한 다른 증상도 가지고 있으므로 보호자는 이에 대한 정확한 정보를 가지고 있는 것이 필요합니다.

형제자매들에 관해 알아야 할 한 가지 중요한 점은 그들 역시 부모들과 같은 감정을 겪고, 이에 대한 부담감을 느낀다는 것입니다. 그 아이들 역시 발달해야 하는 시기에 부모와 같은 상실감, 혼란스러움, 좌절감을 느끼게 됩니다. 따라서 부모들은 ASD 아동에게 필요한 장기적 치료계획 이외에 형제자매를 위한 장기적 계획도 세워야 합니다. 계획에는 다음의 내용이 포함되어야 합니다.

17. 그럼 형제자매에게는 부모로서 어떻게 하는 것이 맞을까요

1) 자폐에 대하여 설명하기

형제자매들은 ASD 아동의 독특한 행동을 이해하기 어렵습니다. 따라서 이에 대한 체계적인 설명과 교육이 필요합니다. 이미 잘 알고 있고 이해할 것이라고 생각하면 안 됩니다. 실제로 굉장히 적은 내용만을 알고 있고 오해하고 있는 사실들이 많습니다. 따라서 부모가 정확한 대답과 교육이 불가능하다면 전문가와 함께하는 시간이 도움이 될 수 있습니다. 이에 대한 교육은 되도록 일찍 시작하는 것이 좋고, 주기적으로 점검하는 것이 필요합니다. 연령대에 따라 이해할 수 있는 수준과 영역이 다르기 때문입니다.

만약 ASD 아동보다 어린 형제자매인 경우에는 뭔가를 할 수 있는 능력을 기준으로 설명하고, 구체적인 예를 들어 주는 것이 좋습니다. 예를 들어, "너의 형은 엄마와 너랑 달리 배우는 것이 어려울 수 있어. 그래서 특별한 도움이 필요하단다.""너의 누나는 너처럼 잘 말하지도, 잘 뛰어놀 수도 없지만, 그래도 너를 많이 사랑한단다."와 같은 설명이 필요합니다.

반대로 ASD 아동보다 나이가 많은 형제자매인 경우에는 자폐와 같은 정확한 용어를 포함하여 설명하는 것이 좋습니다. 앞서 말한 대로 연령에 따라 이해능력이 변화되므로 주기적으로 점검하는 것이 필요합니다. 충분히 이해하고 다른 사람에게 설명할 수 있는 정도가 되어야 주변에서 "너의 동생은 좀 독특한 것 같다.""너는 동생하고 잘 지내니?"와 같은 반복되는 질문에 당황해하거나 창피해하지 않고 대답할 수 있을 것입니다.

> ### ASD 아동의 형제자매가 꼭 알아야 할 여섯 가지 사실
>
> • 자폐는 다른 사람에게 옮는 병이 아니다.
> • 장기 암기력이 특별히 뛰어나다.
> • 내 동생이 그렇게 반응하는 건 그 아이가 선택한 것이 아니다. 반복적으로 행동하는 건 뭔가를 표현하고 싶어서다.
> • 나는 내가 뭔가를 잘못해서 동생이 이상한 행동을 하는 줄 알았다. 하지만 그건 내 잘못이 아니다.
> • 내 동생이 무언가를 저질렀지만, 그건 그가 원했던 것이 아니다.
> • 내 동생만 자폐 장애를 가진 것은 아니다.

2) 가족 전체의 삶 중시

모든 가정의 아이들은 자신이 불공평한 대접을 받는다고 생각합니다. 매 순간마다 누가 더 많은 것을 가져갔는지 따지는 것이 아이들의 본능입니다. ASD 아동의 형제자매들이 느끼는 불공평에 대한 불만은 정상 가정보다 비교할 수 없을 만큼 클 수밖에 없습니다. 실제로 ASD 아동은 수행해야 하는 많은 치료과정이 있고, 거기에 부

모가 함께 참여해야 하므로 ASD 아동에게 더 많은 관심과 노력을 기울일 수밖에 없습니다. 그렇기 때문에 때로는 형제자매들이 이를 슬퍼하고 질투하고 있다는 것을 부모는 인지하지 못하게 됩니다. 그러므로 부모는 형제자매에게 "너는 매우 소중한 아이이고, 네 동생(ASD 아동)만큼이나 너를 사랑한단다." 혹은 "나는 너를 매우 자랑스럽게 생각한단다."라고 표현하고 안심시켜 주는 것이 필요합니다. 이따금 형제자매들과 따로 시간을 보낼 수 있다면 더욱 효과적일 것입니다. 그리고 부모는 항상 아이들이 ASD 아동에게 어떻게 반응하는지 유심히 관찰하고 지켜봐야 합니다. 부모처럼 돌봐 주거나 배려해 주는 모습을 기대해서는 안 됩니다. 겉으로는 잘 보살펴 주는 아이들의 감정상태도 항상 점검하는 것이 필요합니다.

3) 공공장소에서의 모습

ASD 아동은 공공장소에서 소리를 지르거나 주위 사람들의 이목을 끄는 이상한 행동을 하므로 같이 있는 형제자매들이 당황하는 경우가 많습니다. 이런 모습을 이해 못하는 사람을 이해시켜야 한다는 압박감을 느끼고, 자신이 제대로 이해시키거나 도와주지 못했다는 생각에 좌절감을 느끼게 됩니다. 또한 ASD 아동이 있는 가정에서 휴가와 여행은 특별한 과제가 됩니다. 가족들은 그들이 사고를 일으키지는 않을까 하는 우려와 걱정으로 불안해하며, 그들의 형제자매들은 그들의 부모의 관심과 손길을 받기가 어렵습니다. 그러므로 부모들은 위해 특별한 계획과 시간을 마련하는 것이 필요합니다. 휴가

기간을 나누어 형제자매에게 집중하는 것도 좋습니다. 그들이 좋아하는 활동을 하고, ASD 아동이 민감해하지 않는 행동에 한해서 먼저 할 수 있는 우선순위를 부여하는 것도 좋습니다. 그리고 ASD 아동을 형제자매로 가지고 있다는 점만으로 친구 사귀는 것에 어려움을 겪을 수 있습니다. 어떤 아이들은 위에 언급한 당황스러운 상황을 걱정하여 밖에 나가지 않으려 하고, 친구들이 집에 놀러 오는 것을 피하게 되며, 특히 같은 학교에 동생이 진학하는 것을 두려워할 수 있습니다. 따라서 형제자매들에게 이런 상황에 대해 어떻게 생각하는지, 어떻게 했으면 좋겠는지에 대해 물어보는 것이 필요합니다. 원한다면 친구들이 놀러 왔을 때 집안의 구역을 정해 줌으로써 그들의 활동이 방해받지 않도록 하는 것이 좋습니다.

4) 도전과 감정

(1) 부정적인 감정

형제자매들은 분노, 후회, 죄책감, 상실감과 같은 부정적인 감정을 가질 수 있고, 이를 극복하는 방법을 잘 모릅니다. 또한 이에 대한 두려움을 갖고 있다는 것을 이야기하지 않으려고 합니다. 따라서 부모는 이런 감정을 느끼는 것이 당연한 것임을 자녀에게 확인시켜 주어야 합니다. 때로는 형제자매들이 "난 내 동생이 싫어." 혹은 "누나가 없어졌으면 좋겠어."라고 이야기할지도 모릅니다. 이런 경우에도 부모는 그 마음을 이해하고 수용하는 자세가 필요합니다.

(2) 미래에 대한 생각과 준비

형제자매들은 나이가 많아지면서 그들의 미래에 대해 고민하고 준비하기 시작합니다. 그중에 한 부분이 자폐증상을 가지고 있는 자신의 형제자매가 어디에 있을 것인가에 대한 내용입니다. 부모가 이에 대하여 자녀와 미리 의견을 주고받으면서 계획을 세워 둔다면 형제자매들은 더욱 편안한 마음으로 미래를 구상할 수 있을 것입니다. 실제로 부모는 ASD 아동을 평생 돌볼 수 없으며, 예기치 않은 사고로 부모가 감당하고 있던 돌봄에 대한 부담이 갑자기 형제자매들에게 닥칠 수도 있습니다. 이에 대한 준비는 빠를수록 좋습니다. 어떤 형제자매들은 어린 시절부터 이에 대한 책임감을 느끼면서 자라기도 하지만, 이런 내용에 전혀 관심이 없는 형제자매도 있습니다.

5) 형제자매와의 관계

(1) 함께 자라는 과정

대부분의 형제자매 사이는 특별하고 가까운 사이이지만, 자폐증상은 이런 관계형성에 어려움을 줄 수 있습니다. ASD 아동들이 가지고 있는 의사소통의 어려움, 감정표현의 어려움, 공유할 수 없는 특이한 관심 분야가 이런 관계형성의 걸림돌이 되곤 합니다. 형제자매들은 자신들의 노력에도 불구하고 거절당했다는 느낌을 받을 수 있고, 다른 형제자매들처럼 가깝게 지낼 수 없다는 점에 죄책감을 가지고 있을 수 있습니다.

(2) 중간지점 찾아 주기

여기서 부모의 역할을 다음과 같습니다. ASD 아동이 그들의 형제자매보다 나이가 더 어린 경우는 같이 놀 수 있는 뭔가를 찾아 주는 것이 필요하고, 더 나이가 많은 경우는 흥미와 관심을 공유할 수 있는 뭔가를 찾아 준다면 자녀들의 관계성은 강화될 수 있습니다. 중요한 점은 모든 관계형성에서와 마찬가지로 사랑과 인내, 그리고 시간이 필요하다는 것입니다. 부모는 자녀들에게 무조건 친해지라고 강요할 수 없습니다. 단지 관계가 형성되고 가까워질 수 있는 기회와 환경을 만들어 주는 것이 핵심입니다.

예시

나무, 식물, 곤충 관련 책 읽는 것을 좋아하는 큰아이
+ 밖에서 뛰어노는 것을 좋아하는 작은아이(ASD)
→ 두 아이가 함께 밖에 나가 놀면서 좋아하는 식물, 곤충을 찾는 활동을 공유

(3) 개인적인 시간 제공

ASD 아동과 같이 어울리고 활동하는 시간이 중요한 만큼 혼자만의 개인적인 시간을 확보해 주는 것도 중요합니다. ASD 아동과 같이 있는 것은 때로는 일 혹은 숙제처럼 느껴질 수 있습니다. 그러므로 개인적인 시간과 공간을 제공함으로써 형제자매들은 휴식과 재충전을 할 수 있고, 이는 이후 더욱 활동적이고 즐겁게 활동을 공유

하는 데 밑거름이 됩니다. 관계성이 형성되는 데 있어서 중요한 것
은 같이 보내는 시간의 양이 아닌 활동의 질(quality)임을 부모들은
명심해야 합니다.

6) 균형을 맞추며 살아가기

자폐 아동이 있는 가정은 삶의 과정이 평탄하지도, 예측이 가능하
지도 않습니다. 여러 가지 과제와 어려움이 발생하며, 가족구성원의
희생이 필요하게 됩니다. 그런 과정에서 부모의 기분과 상태가 환경
의 변화에 따라 영향을 많이 받고 기복이 심하다면, 자녀들 역시 똑
같은 경험을 하게 됩니다. 반면 부모가 균형감을 가지고 형제자매들
에게 적절한 지지와 가이드를 해 준다면 ASD 아동을 가르치고, 배
우고, 웃으면서 함께 어울려 지내는 소중한 경험을 할 수 있습니다.
이런 경험은 다른 사람을 대하는 그들의 태도와 성품에 영향을 미칠
수 있으며 향후 훌륭한 공동체 구성원으로 성장하는 데 밑거름이 될
수 있습니다. 실제로 적절하게 양육된 ASD 아동의 형제자매들은 또
래에 비해 이해력과 공감력이 좋으며, 작은 일에도 기뻐할 줄 아는
아이로 자랍니다. 그러므로 학교에서 적응에 어려움을 겪는 장애 아
동들에게 쉽게 다가가며, 도움을 주는 데 있어서 망설임이 없습니다.
또한 각 개인 간의 다양함을 존중할 줄 알며, 인내심이 있으므로 환
경의 변화에도 훌륭한 적응력을 가질 수 있습니다.

참고문헌

Aman, M. G., Lam, K. S., & Van Bourgondien, M. E. (2005). Medication patterns in patients with autism: Temporal, regional, and demographic influences. *Journal of Child & Adolescent Psychopharmacology, 15*(1), 116-126.

Amaral, D. G., Schumann, C. M., & Nordahl, C. W. (2008). Neuroanatomy of autism. *Trends in neurosciences, 31*(3), 137-145.

Arnold, L. E., Aman, M. G., Li, X., Butter, E., Humphries, K., Scahill, L., Handen, B. et al. (2012). Research Units of Pediatric Psychopharmacology (RUPP) Autism Network randomized clinical trial of parent training and medication: one-year follow-up. *Journal of the American Academy of Child & Adolescent Psychiatry, 51*(11), 1173-1184.

Arnold, L. E., Vitiello, B., McDougle, C., Scahill, L., Shah, B., Gonzalez, N. M., Aman, M. G. et al. (2003). Parent-defined target symptoms respond to risperidone in RUPP autism study: customer approach to clinical trials. *Journal of the American Academy of Child & Adolescent Psychiatry, 42*(12), 1443-1450.

Association, A. P. (2000). Diagnostic criteria from dsM-iV-tr: American Psychiatric Pub.

Association, A. P. (2013). Diagnostic and statistical manual of mental disorders (DSM-5®): American Psychiatric Pub.

Baio, J. (2012). Prevalence of Autism Spectrum Disorders: Autism and Developmental Disabilities Monitoring Network, 14 Sites, United States, 2008. Morbidity and Mortality Weekly Report. Surveillance Summaries. Volume 61, Number 3. Centers for Disease Control and Prevention.

Billstedt, E., Gillberg, C., & Gillberg, C. (2005). Autism after adolescence: population-based 13-to 22-year follow-up study of 120 individuals with autism diagnosed in childhood. *Journal of autism and developmental disorders, 35*(3), 351-360.

Chen, W., Landau, S., Sham, P., & Fombonne, E. (2004). No evidence for links between autism, MMR and measles virus. *Psychological Medicine, 34*(3), 543-553.

Harris, S. L., & Glasberg, B. A. (1994). *Siblings of children with autism: A guide for families.* Bethesda, MD: Woodbine house.

Kanner, L. (1943). *Autistic disturbances of affective contact.*

Kim, Y. S., Leventhal, B. L., Koh, Y.-J., Fombonne, E., Laska, E., Lim, E.-C., Lee, H. et al. (2011). Prevalence of autism spectrum disorders in a total population sample. *American Journal of Psychiatry.*

King, B. H., Hollander, E., Sikich, L., McCracken, J. T., Scahill, L., Bregman, J. D., Sullivan, L. et al. (2009). Lack of efficacy of citalopram in children with autism spectrum disorders and high levels of repetitive behavior: citalopram ineffective in children with autism. *Archives of General Psychiatry, 66*(6), 583-590.

Ozonoff, S., Dawson, G., & McPartland, J. C. (2002). *A parent's guide to Asperger syndrome and high-functioning autism: how to meet the challenges and help your child thrive.* New York: Guilford Press.

Pelphrey, K. A., & Carter, E. J. (2008). Brain mechanisms for social perception. *Annals of the New York Academy of Sciences, 1145*(1), 283-299.

Schieve, L. A., Rice, C., Devine, O., Maenner, M. J., Lee, L.-C., Fitzgerald, R., van Naarden Braun, K. et al. (2011). Have secular changes in perinatal risk factors contributed to the recent autism prevalence increase? Development and application of a mathematical assessment model. *Annals of epidemiology, 21*(12), 930-945.

Turner-Brown, L. M., Baranek, G. T., Reznick, J. S., Watson, L. R., & Crais, E. R. (2013). The First Year Inventory: a longitudinal follow-up of 12-month-old to 3-year-old children. *Autism, 17*(5), 527-540.

제2장

영유아기 자폐 스펙트럼 장애 아동의
양육과 치료

1. 영유아기 사회정서 발달과 아동양육

1) 생애 초기 애착관계 형성이 사회성 발달에 중요한 이유는 무엇인가요?

Erikson의 발달단계 이론에 의하면 아기는 출생 이후 자신, 타인과 세상에 대한 신뢰감을 형성하여야 하며, 이를 통해 안정된 성장과 발달을 계속할 수 있게 됩니다. 이러한 사회성의 발달은 처음에는 울기, 잡기와 같은 반사작용에서 시작하여 점차 자신을 돌보아 주는 사람과의 상호작용 및 관계에 의해 이루어지게 됩니다. 이는 아기 자신의 생존과 보호를 위한 본능적인 반응입니다. 주 양육자 또는 엄마가 일관되고 적절한 양육을 해 주면 세상은 예측이 가능하고 안전하고 믿을 만하다고 느끼게 되지만, 그렇지 않은 경우 불신감과 두려움을 경험하게 됩니다.

아기와 자신을 보호하고 돌보아 주는 엄마와의 상호작용에 의해 생기는 특별한 정서적 유대감을 애착(attachment)이라 합니다. 이러한 정서적 유대감은 부모가 되기 이전, 즉 본인의 아기 때 경험하고 개념화한 엄마에 대한 개념형성으로부터 영향을 받게 됩니다. 또한 아기가 태어나기 이전인 임신의 확인 시점부터 아기와의 상호작용이 시작됩니다. 이러한 애착의 형성에는 다른 사람들과 엄마(나를 주로 돌보아 주는 사람으로 아빠, 조부모 등도 가능)를 구별해 낼 수 있는 능력과 엄마가 당장 눈앞에 보이지 않아도 계속 존재하고 곧 나타날 것이라고 기억하는 대상영속성 개념의 습득이 필요합니다.

Bowlby의 애착이론에 의하면 애착형성은 다음의 4단계로 이루어집니다.

(1) 1단계: 애착 전 단계(Pre-attachment, 2~3개월까지)

울거나 눈을 맞추고, 미소를 짓지만 특정한 대상이 있는 것은 아닙니다.

(2) 2단계: 애착형성기(Attachment-in-the-making, 6~8개월까지)

아기는 몸동작과 눈 맞춤과 같은 신호를 이용하여 부모의 양육행동에 반응합니다. 항상 친숙한 엄마와 같이 있으려 하지만, 자신과 엄마를 분리된 인물로 인식하면서 분리불안(separation anxiety)이 발생합니다. 또한 이 시기에는 낯선 사람에게 쉽게 다가가지 않습니다. 이러한 낯가림(stranger anxiety)은 친숙한 사람과 친숙하지 않은 사람을 구별하는 능력이 생기면서 나타나게 되며 이 시기에 가장 심하게 나타납니다.

(3) 3단계: 애착기(Clear-cut attachment, 2세 전후까지)

특정인 엄마에 대한 명확한 애착을 보입니다. 엄마에게 딱 달라붙어 떨어지지 않으려 하고, 엄마에게 만족하며 즐거워합니다. 엄마가 보이지 않으면 울고, 엄마와 노는 것을 좋아하고, 엄마 품에 있을 때 더 편안함을 느낍니다. 엄마를 안전기지 삼아 주변 세계를 탐색하고, 엄마가 없으면 이를 인식하게 됩니다.

(4) 4단계: 목표중심 동반자기(Goal-corrected partnership, 2세 이후)

유아의 주변 세계 탐색이 활발하고 불안한 경우에만 안전기지로 엄마를 활용합니다. 대상영속성의 습득으로 엄마가 보이지 않더라도 좌절하지 않고 기다리며 자신을 조절하는 능력이 생깁니다.

이와 같이 생애 초기에 엄마(주 양육자)와의 애착관계를 형성하는 것은 향후 유아의 사회성 발달의 기초가 될 뿐 아니라 행복한 부모, 가족관계를 위한 핵심 발달과제입니다.

2) 영유아의 사회정서 발달에서 보여야 하는 주요 행동에는 어떤 것이 있을까요?

출생 후 4~8개월경의 영아는 옹알이를 시작하고(cooing), 관심을 끌기 위해 눈을 맞추고(eye contact), 웃고(social smile), 즐거우면 소리를 지르기도 합니다. 애착형성을 위한 적극적인 상호작용이 시작되는 것입니다. 자신의 옆에서 하루 종일 돌보아 주는 엄마와 다른 사람을 구별하기 시작하며, 점차 낯가림이 심해지고(stranger anxiety), 엄마가 사라지면 불안해하고 울다가(separation anxiety) 엄마가 안아 주면 언제 그랬냐는 듯 싱글벙글 웃습니다.

9~12개월경에는 드디어 서고, 걸음마를 시작하며, 뜻은 모르지만 엄마, 맘마, 아빠 등의 말소리를 내고, "안 돼" "빠이빠이"와 같은 간단한 명령어를 이해하게 됩니다. 주변의 어른들의 표정이나 행동, 언어를 따라 하며 까꿍, 짝짜꿍 놀이가 가능하게 됩니다. 이때 낯가림

은 최고에 달하며, 엄마에게 꼭 달라붙어 지내게 됩니다(코알라, 캥거루, 껌딱지).

12개월 이후 유아는 보행이 가능하고 엄마, 아빠의 의미를 알고 사용합니다. 가족, 신체부위, 즐겨 하는 놀이와 주변 사물에 대한 낱말들을 이해하고 두 단어 이상을 조합할 수 있게 됩니다. 18개월 전후에는 50단어, 2세 전후에는 200단어 정도의 말하기로 폭발적인 어휘가 가능해집니다. 사물이 보이지 않아도 있다고 생각하는 대상영속성이 형성되며 상상놀이가 가능해집니다. 여전히 엄마와 함께 있으면 좋아하지만 엄마가 보이지 않아도 호기심으로 주변 환경을 탐색하는 행동이 점차 늘어납니다.

3) 영유아기 바람직한 양육이란 어떤 것일까요?

1970년대까지만 해도 아이는 어른의 축소판이며, 뇌는 출생 후 고정된 구조와 기능을 가진다고 하였지만, 뇌과학자들에 의하면 출생 후에도 뇌세포(뉴런)가 만들어진다고 합니다. 특히 생애 초기에 해당하는 영유아기는 뇌세포들이 연결되어 뇌신경회로가 활발하게 만들어지는 폭발적인 시기로, 이 시기 아이의 뇌는 찰흙과 같이 유연성이 있으며, 변화합니다(김붕년, 2012). 이 시기에 아이 또한 뇌의 정서발달영역(변연계)의 발달이 집중적으로 일어나게 되어 웃음과 울음, 애착행동 등을 통해 타인의 관심을 끌고 생존을 유지하게 됩니다.

그러므로 이 시기 부모의 가장 중요한 역할은 이러한 뇌의 발달을 위해 긍정적인 경험을 할 수 있는 환경을 조성하고, 경험을 확장시켜 주도록 하는 것입니다. 영유아의 이해 수준에 맞추어 훈육과 함께 따뜻하고 친밀한 관계를 지속적으로 유지해 줍니다. 정서적인 안정을 토대로 다양한 감각을 즐겁게 경험할 수 있도록 하고, 도전적인 경험을 제공하되 너무 일찍부터 감당할 수 없을 정도의 실패와 좌절로 위축, 회피, 공포, 두려움을 갖지 않도록 합니다. 효율적인 부모역할은 자녀의 신체적·정신적 건강을 유지하고 부모의 요구와 자녀의 요구의 균형을 맞추어 가야 하며 주변 환경에 적응할 수 있도록 하는 것입니다.

요약하면 영유아기에는 가족과의 긍정적인 애착을 기반으로 자신감을 형성하고 나 이외의 타인을 좋아할 수 있도록 합니다. 이러한 정서적 안정과 자신감을 기반으로 다양하고 즐거운 경험을 할 수 있도록 하고, 대소근육의 발달을 위해 자연과 가까이하며 발달을 증진시키는 것이 바람직한 양육이 될 것입니다.

4) 양육스트레스는 어떻게 관리해야 할까요?

오늘날 부모님들은 급변하는 사회경제적 환경과 상대적인 비교 문화 속에서 이전보다 더 많은 부담감을 가지고 자녀를 양육합니다. 부모 개인의 스트레스, 결혼생활에서 오는 다양한 스트레스, 양육스트레스 등은 모두 분리된 것이 아니므로 상호 영향을 주게 됩니다. 부모는 자녀양육을 책임져야 하는 사람이기 이전에 소중한 하나의 존재입니다. 부모 자신이 먼저 스스로를 사랑하고, 자존감을 무너뜨

리는 여러 가지 어려움을 지혜롭고 긍정적으로 해결해 갈 때 비로소 다양한 양육스트레스를 관리할 수 있게 될 것입니다. 특히 자녀의 출산 후 우울증을 경험한 경우에는 좀 더 적극적인 관리와 배우자, 부모, 친구들의 도움이 필요합니다.

　양육스트레스란 자녀의 양육활동에서 발생되는 어려움이 반복 누적되면서 부모가 느끼는 스스로의 역할에 대한 부담감과 불편감을 말합니다. Abidin RR의 양육스트레스 척도(Parental Stress Index: PSI)에서는 부모 자신의 스트레스, 자녀와의 역기능적 상호작용, 자녀의 기질요인에 의한 영향을 받게 된다고 하였습니다. 양육스트레스는 어머니의 연령이 어릴수록, 경제적으로 어려울수록, 건강하지 않을수록, 남편의 양육에 대한 지원이 적을수록, 아동의 성장발달이 느리다고 인지할수록, 아동 연령이 영아보다는 유아일수록 높았습니다. 또한 양육태도가 긍정적일수록 양육스트레스는 감소하였습니다 (김지영, 2015).

　양육스트레스가 하루하루 쌓이고 과중해지면 부모는 소진상태가 됩니다. 소진(burn-out)이란 고도의 스트레스에 대한 신체적 · 정서적 · 정신적 반응입니다. 자녀를 양육한다는 것은 긍정적인 면도 있지만 부모를 피곤하게 만듭니다. 과중한 양육스트레스는 무기력감, 고갈된 느낌, 좌절, 반사회적 태도, 불만족, 분노, 무관심, 동기결핍을 유발할 수 있습니다. 이러한 정서를 느끼는 경우에는 즉시 다른 사람의 도움이 필요합니다.

양육스트레스를 감소시키기 위한 방법

- 오늘을 즐기고 자녀의 변화된 상황을 받아들인다.
- 자녀에 대해 현실적인 목표를 세운다.
- 일보다 사람을 먼저 생각한다.
- "안 돼."라고 말하기를 두려워하지 않는다.
- 불유쾌한 부모의 의무를 즐거운 활동으로 바꾼다.
- 창의적인 방법으로 배우자와 함께하는 시간을 마련한다.
- 자신만의 시간을 가진다.
- 규칙적으로 운동한다.
- 건강한 음식을 섭취한다.
- 과도한 스케줄을 피한다.
- 일상적인 일을 좀 더 수월하게 하는 방법들을 찾는다.
- 외출을 한다.
- 실패를 두려워하지 않으며 회복탄력성을 키운다.
- 매일 연속되는 선택에 최선을 다하고, 선택에 대해서는 후회하지 않도록 한다.
- 긍정적인 마인드로 생활한다.
- 과거의 불행했던 추억보다는 즐거운 일을 기억하도록 노력한다.
- 다른 사람과 비교하지 않는다.

2. 자폐 스펙트럼 장애 영유아의 양육과 중재

1) 우리 아이가 정말 자폐가 맞을까요?: 첫 진단에 대한 부모의 대처

(1) 한국 영유아 발달선별검사(Korean Developmental Screening Test for Infants and Children: K-DST)

생애 초기에 해당하는 영유아 건강검진 사업은 국가 보건복지정책의 일환으로 2007년 11월부터 시행되었으며, 미국과 문화적으로 다른 환경에서 자라는 우리나라 영유아에게 외국에서 만든 검사를 시행하기에는 부적절한 면이 있어, 2014년 9월 1일부터는 우리나라 영유아에게 맞는 검사도구를 자체개발하여 실시하고 있습니다.

[그림 2-1] 한국 영유아 발달선별검사(4~5개월용)
출처: 부평구 청천보건지소 홈페이지 (2016. 12. 5.).

특히 발달평가는 영유아 건강검진의 주요한 검진항목 중 하나로 6개 발달영역(대근육, 소근육, 인지, 언어, 사회성, 자조)에서 습득하는 발달기술을 종합적으로 평가하게 됩니다. 발달에 문제가 있는 영유아를 선별하고, 이후 보다 심도 있는 평가를 시행하여 적합한 치료와 재활, 교육을 계획하고 예후를 개선시키며 추후 발생할 수 있는 문제

✚ 각 질문 항목에 대하여 다음 네 가지 중 하나에 표기해 주십시오.
만약 아이가 질문 내용을 할 수 있는지 모르는 경우 직접 시켜보고 답해 주십시오.

잘 할 수 있다 ③	할 수 있는 편이다 ②	하지 못하는 편이다 ①	전혀 할 수 없다 ⓪

🏠 사회성

1	어른이 시키면 "미안해", "고마워"라는 말을 한다.	③ ② ① ⓪	5	어른이 이끄는 집단 놀이에서 규칙을 따른다.	③ ② ① ⓪
2	다른 아이들의 행동을 보고 (간단한) 놀이의 규칙을 따른다.	③ ② ① ⓪	6	자기 차례를 기다린다(예: 놀이터, 미끄럼틀).	③ ② ① ⓪
3	자신의 기분을 말로 표현한다(기분이 좋으면 좋다고 말하고, 나쁘면 나쁘다고 말한다).	③ ② ① ⓪	7	놀이 중에 도움이 필요한 친구를 도와주고 달래준다.	③ ② ① ⓪
4	3~4명과 어울려서 숨바꼭질, 술래잡기 등을 한다.	③ ② ① ⓪	8	혼자서 혹은 또래와 함께 인형놀이(상상놀이)를 한다.	③ ② ① ⓪

🏠 자조

1	음식을 먹다 흘리면 손이나 옷으로 닦지 않고 스스로 휴지나 냅킨으로 닦는다.	③ ② ① ⓪	5	물을 틀어주거나 받아주면 혼자서 비누로 손을 씻는다.	③ ② ① ⓪
2	바지에 발끝을 약간만 넣어주면 허리까지 완전히 끌어올린다.	③ ② ① ⓪	6	양말을 혼자서 신는다.	③ ② ① ⓪
3	낮 동안 소변을 가린다.	③ ② ① ⓪	7	도와주지 않아도 혼자서 밥을 먹는다.	③ ② ① ⓪
4	낮 동안 대변을 가린다.	③ ② ① ⓪	8	단추를 풀러주면 셔츠나 내의를 벗는다.	③ ② ① ⓪

🏠 추가 질문

		예 ①	**아니오 ⓪**		
1	걷지 못한다.	① ⓪	4	청력이 정상임에도 불구하고 이름을 불러도 쳐다보지 않는다.	① ⓪
2	의미있는 단어를 말하지 못한다.	① ⓪	5	어른들의 관심을 끄는 행동을 하지 않는다(멀리 있는 사물을 가리키기, 물건을 가져다 보여주기, 같이 놀자고 건네주기, 소리내어 부르기, 손가락으로 가리키기 등).	① ⓪
3	아이가 보호자와 이야기를 하거나 놀 때 눈을 맞추지 않는다.	① ⓪			

[그림 2-2] 한국 영유아 발달선별검사 샘플(30~32개월용)

출처: 부평구 청천보건지소 홈페이지(2016. 12. 5.).

를 예방하는 것이 중요한 목적입니다. 영유아기의 뇌는 여러 가지 자극과 치료에 대한 가소성이 높은 시기이므로 발달문제가 복잡해지고 심화되기 이전에 조기개입을 통해 진행성 장애를 최소화하고 정상적인 성장발달을 도모할 수 있습니다([그림 2-2] 참조).

검사자는 평가결과를 보호자에게 설명하도록 하고 만약 평가의 결과 한 가지 영역에서라도 '심화평가 권고' 혹은 '추적평가 요망'인 경우, 정밀평가를 받을 수 있도록 관련 기관에 의뢰하게 됩니다. 또한 추가 질문항목을 두어 임상적으로 중요한 것으로 여겨지는 발달 사항과 특정 신경발달장애, 그중에서도 뇌성마비와 발달성 언어장애, 자폐 스펙트럼 장애의 변별과 연관된 몇 가지의 추가 질문을 포함하였으며. 추가 질문에 '예'라고 응답한 경우, 검사자는 K-DST의 각 영역별 총점이 '또래 수준'에 해당하더라도 심화평가와 전문가의 진찰을 권유하도록 하고 있습니다.

다음은 24개월 이상부터 가능한 자폐 스펙트럼 장애의 사회성 결함을 파악하기 위한 추가 질문입니다.

- 아이가 보호자와 이야기를 하거나 놀 때 눈을 맞추지 않는다 (24~71개월).
- 청력이 정상임에도 불구하고, 이름을 불러도 쳐다보지 않는다 (24~71개월).
- 어른들의 관심을 끄는 행동(멀리 있는 사물을 가리키기, 물건을 가져다 보여 주기, 같이 놀자고 건네 주기, 소리 내어 부르기, 손가락으로 가리키기 등)을 하지 않는다(24~71개월 아이 대상).
- 또래 아이들에게 관심이 없다. 또래와 함께 있어도 아이들을 지켜보거나, 행동을 따라 하거나, 함께 놀려고 시도하지 않는다 (36~71개월 아이 대상).
- 간단한 규칙이 있으면서 편을 나누어 하는 놀이(예: 간단한 숨바

꼭질, 잡기놀이, 쎄쎄쎄 등)와 인형을 가지고 하는 상상놀이(예: 인형에게 음식을 주기, 재우기, 로봇끼리 싸우기, 차를 타고 가기 등)를 전혀 할 줄 모른다(48~71개월 아이 대상).

이와 관련된 서비스 및 의뢰 가능한 의료기관에 대한 정보는 국민건강보험공단 홈페이지 건강iN 사이트(http://hi.nhis.or.kr)와 연계되어 있는 대한소아신경학회(www.cns.or.kr), 대한소아재활연구회(www.ksprm.or.kr), 대한소아청소년정신의학회(www.kacap.or.kr) 홈페이지에 접속하여 얻을 수 있습니다.

(2) 자폐 스펙트럼 장애의 영유아 초기 증상

자폐 스펙트럼 장애를 가진 영유아의 발달은 정상발달과는 다른 점들이 있습니다. 특이행동의 경우에는 좀 더 성장한 후부터 나타날 수도 있으므로, 이 시기에 가장 중요하고 두드러지는 행동은 사회적 관심과 의사소통 행동의 결핍 또는 부족으로 볼 수 있습니다. 다음의 표는 J. Barbaro 등이 호주 빅토리아 주에서 시행한 자폐 스펙트럼 장애 영유아 선별을 통한 조기중재 연구(Social Attention and Communication Study: SACS)에서 사용한 사회성과 의사소통 행동 점검표(Checklist of Social Attention and Communication)와 특이행동 점검표(Checklist of aberrant behaviors) 60쪽의 영어명 삽입 항목입니다(〈표 2-1〉, 〈표 2-2〉 참조).

⟨표 2-1⟩ **사회성과 의사소통 행동 점검표**

행동	연령	관찰대상 행동
1. 사회성놀이(Social Games: 까꿍놀이)	8개월	눈 맞춤, 사회적 미소, 모방, 기대하는 몸짓
2. 눈 맞춤(Eye Contact)	8~24개월	없거나 불규칙하거나 희미하다.
3. 이름 부르면 반응하기 (Turning to Name Call)	8~24개월	이름을 불러도 거의 돌아보지 않는다.
4. 사회적 미소 (Social Smile)	8~24개월	타인에 대한 반응으로 웃지 않는다.
5. 모방행동(Imitation)	8~24개월	타인을 거의 모방하지 않는다.
6. 언어의 사용 및 이해 (Use and Understanding of Language)	8~24개월	연령에 적절한 언어표현과 이해가 부족하다.
7. 가리키기(Pointing)	12~24개월	검지를 이용하여 가리키기를 못한다.
8. 합동 주시 (Joint Attention)	12~24개월	타인이 가리키는 곳(사물)을 함께 보지 않는다.
9. 사회성 몸짓 (Social Gestures)	12~24개월	인사, 고개 끄덕이기 등의 사회성 몸짓을 보이지 않는다.
10. 사회성 의사소통 (Showing: Social Communication)	18~24개월	음식 요구 이외의 대화가 없다.
11. 가장놀이(Pretend Play)	18~24개월	인형에게 먹이거나 물을 따라 주는 놀이를 하지 못한다.
12. 평행놀이(Parallel Play)	24개월	다른 아동에게 관심이 없다.

〈표 2-2〉 **특이행동 점검표**

행동	관찰대상 행동
1. 타인의 손과 몸을 수단으로 이용한다. (Using another's hand/body as a tool)	요구하는 사물에 타인의 손을 올려 이용한다.
	타인의 손을 이용하여 가리킨다.
2. 반복행동 (Repetitive behaviors)	일렬로 세우기/분류하기/물건 돌리기가 있다.
	장난감의 구르는 쪽을 보기 위해 머리를 바닥/책상에 대기가 있다.
	한 손 혹은 두 손에 물건을 계속 쥐고 있다.
	특정 대상에 집착함: 수시로 찾고, 쥐고 있다.
	스위치를 올렸다 내렸다 하고, 단추를 누르고/열고, 닫기/물건 던지기를 반복한다.
3. 상동행동 (Stereotyped behavior)	박수치기나 팔 흔들기가 있다(주로 흥분 또는 좌절했을 때 나타냄).
	까치발 걷기가 있다(주로 활동을 마치거나 흥분 시 나타남).
	자리에서 돌기가 있다(주로 활동을 마치거나 흥분 시 나타남).
	몸을 흔들거나 떨기가 있다(주먹 쥐고 떨기, 이 갈기와 함께 일어나기도 함).
4. 감각행동과 관심 (Sensory behaviors and interests)	사물을 눈으로 탐색하며 주로 실눈으로 응시하고, 얼굴 가까이에서 본다.
	사물의 냄새를 맡거나 혀로 핥는다.
	일상생활 속의 소리 듣기를 힘들어하고 손으로 귀를 막는다.
	손가락 사이에 물건을 끼우고 감각을 느낀다.

5. 습관적인 행동과 일과 (Ritualistic behaviors and routines)	특정한 병에만 음료수를 먹으려 한다.
	다양한 음식을 만져 보는 것을 좋아하지 않는다.
	특정 색이나 질감의 음식만 먹으려고 한다.
	물건을 특정 장소에만 놓으려고 한다.
	모든 스위치를 올리거나 내려야 한다. 모든 문을 다 열거나 닫아야 한다.
	고유한 습관이나 의식이 있으며, 끝내는 데 힘들어 한다.
6. 반향어(Echolalia)	타인이 말한 단어나 문장을 반복한다.
7. 사회성 기술의 상실 (Loss of Social skills)	기존에 습득했던 언어 또는 사회기술의 상실이 있다.

출처: Barbaro, Ridgway, & Dissanayake (2011).

(3) 자폐 스펙트럼 장애 진단을 받은 부모의 대처

선천적으로 장애를 가지고 태어났거나 후천적으로 장애 또는 만성질환을 진단받았을 때 가족은 충격(shock)과 부정(denial), 분노(anger)를 경험하게 되며, 이러한 슬픔의 과정을 거치면서 아동에 대해 현실적인 기대를 하게 되고 점차 수용(acceptance)과 재통합(reintegration)을 하기 시작합니다(방경숙 외, 2014).

충격과 부정은 특히 진단 초기에 나타나며 다음과 같은 양상을 보입니다.

- 진단을 다시 받기 위해 여러 병원을 돌아다님(medical shopping)
- 증상을 가벼운 상태로 인식함

- 치료를 받지 않음
- 낙관적으로 생각하고 행복한 듯이 행동함
- 다른 사람에게 아동의 상태에 대해서 말하지 않음
- 진단, 치료, 예후 등에 대해 질문하지 않음

대부분의 부모는 완전한 아기를 기대하면서 동시에 정상이 아닐 수 있다는 두려움을 가지므로 아기가 태어났을 때 건강한지를 제일 먼저 물어보게 되고, 기대와 다를 때 정서적으로 스트레스가 발생하게 됩니다. 시간은 걸리겠지만 대부분의 부모는 슬픔과 상실에 대처할 수 있으나 현실을 받아들이지 못한다면 신체적·정서적으로 위축되고, 심지어 아동을 돌보지 않으려는 등의 회피반응을 보일 수도 있습니다. 또한 양육부담, 재정부담, 아동의 미래에 대한 두려움, 질병원인에 대한 분석, 치료 관련 어려움 등으로 스트레스가 가중되면서 부부갈등이 초래되기도 합니다. 엄마가 장애를 가진 아동을 돌보는 데 집중하는 경우 아버지는 소외되고, 아동을 돌보는 일을 잘 못하면 비난받게 되므로 대화가 단절되거나 아버지의 자존감이 낮아질 수도 있습니다.

이러한 충격 및 부정의 단계에서는 가족의 정서적 반응을 비판 없이 그대로 받아들이는 지지적 접근이 중요합니다. 부모의 어려움을 적극적으로 경청하고, 죄의식은 심각한 불안을 일으키므로 부모가 비난받을 이유가 없음을 분명하게 말해 주어야 합니다. 이와 함께 아동의 상태에 대해 알려 줄 때 부모가 함께 참여하도록 하며, 부부 상호관계를 관찰하고, 정서적 지지를 제공합니다.

조정 및 분노의 단계에서 부모는 장애를 부분적으로 인정하기 시작하지만 만성적인 슬픔의 과정에서 죄의식을 가지게 되고, 분노를 보이게 됩니다. 분노가 내적으로 향하면 자신을 비난하고 건강을 돌보지 않거나 타락하는 등 스스로를 체벌하는 양상을 보입니다. 외적으로 향하는 분노는 사람들과 다투거나 남 탓을 하게 하고, 위축행동으로 나타날 수도 있습니다. 가족이 분노를 보이는 가장 일반적인 대상은 의사나 간호사 등 의료진입니다. 또한 이 단계에서 엄마는 해결되지 않은 죄책감이나 두려움의 결과로 아동을 과잉보호하게 되고, 무엇이든 허용하는 부모가 되면 아동은 의존적이고 지나친 요구를 하게 되는 악순환의 고리가 형성되므로 조기중재가 필요합니다.

마지막으로 수용과 재통합 단계에서 가족은 장애 아동에 대해 현실적인 기대를 하고, 적절한 관점으로 가족의 삶을 재통합하게 됩니다. 가족은 점차 활동의 범위를 넓혀 가며 수용하게 됩니다. 수용단계라 하더라도 학교 입학 시기 또는 청소년기에는 다시 슬픔의 과정이 나타날 수 있으므로 전문가의 도움이 필요합니다.

이와 같이 진단 초기에는 많은 어려움을 거치게 됩니다. 그러나 중요한 것은 진단의 목적이 조기발견을 통한 조기중재의 기회를 제공하여 발달을 극대화하기 위함이라는 것입니다. 영유아기 뇌의 가소성(plasticity) 때문에 좋은 기회를 제공해 줄수록 정상발달 궤도로 진입할 가능성이 더 높아지게 됩니다. 또한 12~24개월 사이에는 20% 정도의 아이들이 습득하던 발달기술을 잃고 퇴행하기도 하므로 이 시기에 적절한 중재로 이러한 퇴행을 막고 발달을 촉진할 수 있습니다(Barbaro et al., 2011).

또한 조기발견과 조기진단의 중요한 목적은 부모의 양육스트레스를 최소화하고 도와주기 위함입니다. 부모는 이미 12개월 이전에 문제가 있다고 느낄 수 있습니다. 이 시기에 막연하게 의심하면서도 두렵고 불안한 마음으로 아이를 키우고, 어떻게 해야 할지 막막했을 수 있습니다. 그러나 진단과정을 통하여 부족한 부분에 대해 공부를 시작하고, 정보를 수집하고, 중재와 사회적 지지를 받으며, 아이의 미래를 준비할 수 있게 됩니다.

사실 아이가 의미가 있는 말이 없거나 늦고, 눈 맞춤이 안 되는 등의 문제로 고민하다가 병원을 찾아 처음 진단을 받았을 때 부모는 매우 두렵고 혼란스러우며 아니기를 바라는 심정일 것입니다. 도대체 병원에서 하는 말이 무슨 말인지 알아들을 수가 없고, 특히나 '자폐 스펙트럼 장애'라는 진단을 받아들이기가 참으로 힘이 듭니다. 앞으로 어찌해야 할지에 대한 두려움 때문에 한동안 잠도 못 자고 절망하는 경우도 있습니다. 여러 병원이나 기관을 다니며 진료 및 검사를 반복하기도 합니다. 검사결과의 수치를 자꾸 보게 되고, 아이의 컨디션이 좋을 때 다시 해 보고 싶고, 좀 더 키운 후 다시 하고 싶기도 합니다.

생애 초기의 진단을 중요하게 생각하는 것은 조기발견과 발달을 최적화하기 위함이지 장애라는 꼬리표를 달거나 부모에게 상처를 주기 위해서 진단을 하는 것은 아닙니다. 하지만 아무리 마음을 굳게 먹어도 '우리 아이만 왜 이럴까?' '혹시 너무 TV만 보여줘서 그런 건 아닐까?' '내가 너무 힘들고 지쳐서 아이와 잘 못 놀아 줘서 그런가?' '직장을 그만둬야 할까?' 등 여러 가지 의문과 생각이 들 것입니다.

직장을 그만두고 아이에게 좀 더 신경을 써서 놀아 주고 여러 가지 자극과 새로운 환경을 제공해 주었을 때 아이들이 좋아지는 것은 사실입니다. 하지만 자폐 스펙트럼 장애 진단을 받은 것 자체에 대해 죄책감을 가지는 것은 도움이 되지 않습니다. 유전성이 있지만 이것이 부모의 탓은 아니며, 직장을 그만둔다고 해서, 그리고 하루 종일 아이와 함께 있다고 해서 모든 어려움들이 사라지는 것은 아닙니다.

앞서 자폐 스펙트럼 장애에 관한 기본적인 내용에서도 강조한 바와 같이 자폐 스펙트럼 장애는 부모가 양육을 잘못해서 생기는 것이 아님이 여러 연구에서 확인되고 있습니다. 아동에 대해 죄책감을 가지게 되면 자녀양육에서의 자신감을 잃어버리게 되고, 부모와 가족 또한 우울하고 막막하며 매일 스트레스에 시달리게 됩니다. 그러므로 죄책감은 아무 도움이 되지 않는다는 사실을 자신에게 확신시켜야 합니다. 의도하지 않아도 자꾸 아동에 대해 죄책감을 느끼게 된다면, 죄책감에서 오는 우울함 등을 극복하기 위해 긍정적으로 생각하기, 규칙적인 운동 등 자신에게 맞는 대처방법들을 적용하도록 노력해야 합니다. 많이 힘든 경우에는 전문가의 도움을 받는 것이 위기를 극복하는 데 도움이 될 수 있습니다.

자폐 스펙트럼 장애로 진단을 받은 영유아기 부모의 바람직한 대처방법은 자녀의 현 발달 상황을 받아들이고 유아의 능력과 요구에 맞추어 다양한 발달자극을 제공하는 것입니다. 다시 말해,자녀가 말이 느려서, 혹은 친구에게 너무 관심이 없어서 병원을 찾고 진단을 받았다면 바로 그런 부분에 집중하여 적절한 양육과 치료교육을 제공해 주는 것입니다.

특히 3세까지는 뇌 발달의 중요한 시기로 발달이 빠르게 이루어지며, 즐겁고 편안한 환경이 주어졌을 때 가장 학습이 잘 되므로 부모의 역할이 가장 중요하다고 할 수 있습니다. 뇌과학과 인지발달심리학에서도 '3세 이전 영유아들에게 가장 중요한 일은 부모와의 긍정적인 상호작용'이라고 강조하고 있습니다. 엄마 품에서 좋아하는 놀이를 함께하고, 엄마가 쓰다듬고, 어루만져 주고, 안아 주고, 눈을 맞추고, 대화하는 것이야말로 뇌의 발달에 가장 좋은 경험이라고 합니다. 값비싼 장난감이나 교육도구는 엄마와의 상호작용을 촉진시키는 도구일 뿐입니다.

최근에는 우리나라에서도 3세 이하 영유아의 가정 이외의 보육과 교육이 가능하지만 무엇보다 부모, 가족과의 애착관계와 친밀감을 기반으로 하여 다양한 사람들과 세계를 경험할 수 있도록 해 주어야 사회성 발달이 긍정적으로 이루어질 수 있습니다. 다양한 치료기관을 다니지만 정작 부모와의 상호작용이나 친밀감을 형성할 기회가 주어지지 않는다면 치료계획의 재조정이 필요합니다.

2) 사회적 미소나 낯가림이 없고 분리불안이나 애착도 별로 없었습니다. 어떻게 시작해야 할까요?: 애착증진을 위한 중재의 시작

애착의 형성과정은 출생 전 임신 초기부터 시작되며 영유아는 향후의 생존을 위해 적극적으로 부모와의 상호작용을 통하여 애착관계를 만들어 갑니다. 모든 가족원들이 아기의 눈짓, 행동, 울음에 민감하게 반응해 주어 잘 자랄 수 있도록 지원하게 되는 것입니다.

그러나 자폐 스펙트럼 장애는 마음과 뇌의 관계를 이해할 수 있는 창을 제공해 주는 신경발달장애(Neurodevelopmental disorder)로, 공통점은 '엄마와의 애착형성이 어렵다'는 것입니다. 즉, 엄마와의 눈 맞춤에 아직 관심이 없거나 회피하고, 엄마의 부름에 반응이 없고, 엄마가 안아 주려고 하였을 때 팔을 뻗어 안기기보다는 몸을 뒤로 젖히며 버티고, 엄마가 사라져도 찾지 않습니다. 이것은 엄마가 아이에게 관심이 없어서, 혹은 엄마가 아이를 잘 양육하지 못해서가 아니라 생애 초기부터 형성되어야 하는 뇌신경 발달단계에서 애착단계의 진행이 잘 되지 않고 있음을 나타내는 것입니다.

애착증진치료(Attachment Promotion Therapy) 프로그램은 홍강의 등에 의해 개발된 우리나라 특유의 치료모델로, 자폐 스펙트럼 장애의 가장 근본적인 문제인 사회성 결여의 개선을 위해 서울대학교병원 소아정신과에서 시작되었습니다(홍강의 외, 2014). 1단계인 모아애착반에서는 양육자인 엄마의 적극적 개입이 중요합니다. 손잡고, 안고, 업고 하는 엄마와의 다양한 활동은 아이가 즐거워 소리를 지르고 엄마를 좋아하게 만드는 최고의 활동입니다. 아이가 즐거워야 발달이 촉진되므로 모-아 간 상호 긍정적인 효과가 있는 것입니다. 또한 엄마가 아이의 요구에 민감하게 반응해 주고 함께 있어 줌으로써 아이는 자신감을 가지게 됩니다.

전통놀이를 포함한 다양한 모-아놀이를 하면서 아이는 엄마와의 신체접촉, 눈 맞춤, 즐거움과 안정감을 경험하고, 엄마와 함께 새로운 놀이를 경험하면서 '세상은 좋은 곳이구나'라고 느끼게 됩니다. 잼잼이나 곤지곤지 등의 전통놀이들이 뇌의 운동과 감각영역을 활성화시킨다는 결과도 있습니다(김광호 외, 2012).

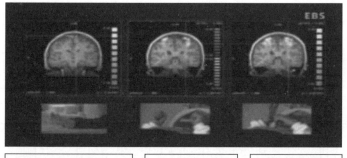

| 발을 움직일 때 운동과 감각 관련 뇌영역 일부 활성화 | 잼잼놀이를 할 때 좀 더 활성화 | 곤지곤지를 할 때 가장 많이 활성화 |

[그림 2-3] 잼잼, 곤지곤지 등 전통놀이와 뇌의 운동, 감각영역 활성화
출처: 김광호 외(2012).

애착증진프로그램을 적용한 결과, 모-아 애착행동은 증진되었고, 애착형성에 효과가 있었습니다(임숙빈 외, 1994). 이러한 애착을 기반으로 2단계 애착 확장반에서는 엄마와 떨어져서도 혼자 걷고, 보고, 듣고, 만지는 등의 탐색활동을 할 수 있고, 원하는 것을 즉시 만족시킬 수는 없다는 욕구지연을 학습하며, 다양한 발달자극놀이를 경험하도록 유도하고 있습니다. 각 아이마다 애착형성 과정이나 발달 수준, 행동양상과 기질에는 차이가 있으므로 이를 충분히 고려해야 좋은 결과를 가져올 수 있습니다. 또한 부모의 교육과 지지를 통한 양

육 유능감의 개발 또한 애착증진치료의 중요한 부분입니다. 부모는 가정에서도 아이와의 애착관계를 유지하면서 아이가 좋아하는 다양한 자극을 제공할 수 있도록 적용해 봐야 합니다.

3) 자폐 스펙트럼 장애 아동을 대상으로 한 치료에는 어떠한 것들이 있을까요?

아이에게 도움을 주고 싶어도 막상 치료를 받으려고 할 때 '어떤 치료를 어떻게 받아야 할지, 언제까지 치료를 받아야 할지, 혹은 치료실마다 엄마들마다 하는 이야기가 다르고 받으라는 치료가 다른데 어떤 것을 선택해야 할지' 몰라 답답하고 불안할 것입니다. 사실 우리 아이가 자폐 스펙트럼 장애 진단을 받을 것이라고는 상상조차 하지 못한 일이어서 치료에 대한 정보가 아예 없을 수도 있고, 여기 저기서 들은 이야기는 많은데 어떠한 치료를 선택하는 것이 좋을지 많은 고민이 될 겁니다.

중요한 것은 우리 아이들이 지금 전 생애주기에서 가장 많은 발달이 이루어지는 '영유아기'에 속해 있으며, 그러므로 모든 영역에서 도움을 필요로 하고, 조금 더 일찍 적절한 도움을 받았을 때 긍정적인 많은 변화가 일어난다는 것입니다. 또한 치료의 원칙을 정할 때 엄마의 희망과 바람을 우선순위로 하기보다는 '아이에게 제일 필요한 부분'에 초점을 맞춰 치료의 방향을 세우는 것이 좋습니다.

(1) 애착증진치료 프로그램

애착증진치료 프로그램은 어머니에게는 놀이의 방법과 양육법에 대해 도움을 주고, 아동에게는 즐겁게 놀이하면서 기쁠 때 웃음소리를 내고 싫은 상황에서는 고개를 젓는 것과 기본적인 의사소통을 배울 수 있는 기회를 제공해 주며, 엄마와의 상호작용을 통해 언어적 · 비언어적 표현을 아이의 기억 속에 지속적으로 심고 저장하여 향후의 발달과 연결고리를 만들어 주는 치료 프로그램입니다.

앞에서 말씀드린 바와 같이 영유아기 아동에 있어서 제일 중요한 것은 엄마와의 상호작용입니다. 아동은 엄마와의 놀이를 통해 기쁨을 느끼고 신뢰를 형성하게 되며, 이러한 신뢰를 바탕으로 기쁨과 즐거움을 다른 사람과 공유하게 되고, 나아가 다른 사람의 즐거움과 관심을 함께 바라보고 즐길 줄 아는 사회인이 되어 가는 것입니다.

(2) 영유아기 발달 및 치료 프로그램

언어치료

자폐 스펙트럼 장애 아동들은 기본적으로 '언어적 어려움'으로 인하여 병원을 찾아 진단을 받은 경우가 대부분입니다. 이러한 '언어적 어려움'은 아동이 성장하면서 자폐 스펙트럼 장애 아동들의 핵심적인 결함 영역인 사회성 및 언어 의사소통의 어려움으로 지속되게 됩니다. 그러므로 '사회성'을 기초로 한 끊임없는 언어교육과 도움이 필요합니다.

감각통합치료

Jean Ayers에 의해 최초로 이론이 체계화된 감각통합치료는 여러 감각기관들을 통합하는 데 어려움이 있는 자폐 스펙트럼 장애 아동들에게 도움을 줄 수 있습니다. 장난감을 가지고 놀이할 때 장난감을 옆으로 움직이며 눈을 흘기는 시각자극 행동을 즐기는 아동들, 평평한 바닥을 걷는 것이 무서워 균형을 맞추기 위해 혹은 재미를 위해 까치발을 하고 걷거나 뛰는 아동들, 끈적이거나 물컹거리는 등 특정 물체를 만지지 못하는 촉각방어를 가진 아동들, 그네를 타지 못하는 등 높낮이의 변화에 예민한 아동들 등 감각적으로 여러 가지 과소 혹은 과다 반응을 보이는 아동들에게 치료적 공, 전정기관 그네, 평균대 등을 이용하여 감각통합훈련을 하는 치료방법입니다. 감각통합치료 자체가 여러 가지 흥미 있는 도구를 사용하고 놀이중심으로 이루어지기 때문에 아동들도 즐겁게 받을 수 있는 치료이며, 아동이 감각적 정보들을 효율적으로 통합하는 능력을 발전시켜 스스로의 감정과 행동을 조절할 수 있는 기초를 만들어 갈 수 있습니다. 하지만 치료적 효과에 관한 검증된 연구 자료가 여전히 부족한 상태이며 모든 문제가 감각통합치료 하나만으로 해결될 수 없으므로 보조적인 치료중재법으로 사용하는 것이 좋습니다.

인지치료

언어 이전 단계에서는 언어치료와 인지치료가 동일시될 수 있습니다. 하지만 언어표현이 어느 정도 이루어지고(50~100개 이상의 단어 사용) 아동의 표현을 끌어올려 주기 위해서는 인지치료를 병행하는 것도 도움이 될 수 있습니다.

특수체육

자폐 스펙트럼 장애 아동들은 대부분 대근육 운동 발달 지연을 보입니다. 특수체육활동은 기초적인 기능 훈련, 예를 들어, 공 던지고 받기, 발로 공차기, 앞구르기, 높이뛰기와 같은 기술을 과제 분석을 통하여 아동 스스로 기술을 습득할 수 있도록 도움을 줄 수 있습니다. 또한 신체의 균형을 이루어 주기 때문에 학습이나 정서적인 면에서 안정감을 찾게 도와줍니다.

놀이치료

놀이치료는 크게 두 가지로 구분하여 접근할 수 있는데 하나는 흔히 이루어지는 심리적인 치료의 일환인 놀이치료이고, 다른 하나는 놀이 훈련적 접근인 발달놀이치료입니다. 물론 아동에게 있어 어떠한 형태의 놀이치료든 자신의 마음을 표현할 수 있고 표현함으로써 얻을 수 있는 장점이 있지만, 자폐 스펙트럼 장애 아동에게 있어 아동이 스스로 놀이하도록 두고 아이의 상태만 심리학적으로 분석하는 것은 큰 도움이 되지 않을 수 있습니다. 대신 아동이 자동차 바퀴를 굴리고, 접시를 돌리고, 손에 쥐고 있는 공을 입으로 빨 때, 자동차를 굴려 경쟁적 놀이를 해 보고 접시에 나무토막을 올려 역할놀이를 해 보고 공을 던져 주고받기 놀이를 해 보는 것이 아동의 발달에 더 큰 도움이 될 수 있습니다.

응용행동분석(Applied Behavior Analysis: ABA)

치료 프로그램 중에서 자폐 스펙트럼 장애 아동들의 행동관리나 교육중재에 있어서 효과적인 것으로 알려져 있습니다. 강화와 보상, 과제의 단계적 분석, 촉구하기, 반복학습 등을 통하여 언어학습, 사회적 상호작용, 자조기술 등을 습득하는 데 도움을 줍니다.

조기교실

어린이집 혹은 유치원 내에서의 집단생활이 어려운 자폐 스펙트럼 장애 아동들에게 집단 내에서 기본적인 규칙을 배우고 스스로 밥 먹기, 화장실 가기 등 간단한 자기 돌봄 행동을 스스로 할 수 있도록 도움을 주는 집단치료입니다.

통합 어린이집(유치원)

보통 특수교사 1명당 장애아동 3명으로 구성되어 도움이 필요할 때 언제든 특수교사가 장애 아동을 도와주고 있습니다. 통합교육 시간에는 또래 아동들과 함께 지내면서 생활연령에 맞는 적절한 행동을 보고 배우고 모방할 수 있는 환경을 제공해 줄 수 있습니다.

영 · 유아 특수학교

영 · 유아 전담으로 조기에 아동의 특성에 맞게 계획된 교육을 체계적으로 받을 수 있는 곳입니다. 다만, 아동별 중증도의 차이가 있기 때문에 생활연령에 맞게 발달하는 또래아동들과 함께하는 통합교육의 제공에 어려움이 있습니다.

Tip

• 중앙 장애아동 · 발달장애인지원센터(http://www.broso.or.kr/index.jsp)에서 각 지역별 치료기관을 찾아보실 수 있습니다.

• 아이사랑보육포털(http://www.childcare.go.kr)을 통해서 각 지역별 통합 어린이집, 장애전담 어린이집을 찾아보실 수 있습니다.

4) 집에서 아이와 어떻게 놀아 줘야 할까요?

정상발달을 하는 유아에게도, 자폐 스펙트럼 장애 유아에게도 '집에서의 놀이'는 아동의 발달을 도와주고 촉진해 주는 중요한 역할을 하는 부분입니다. 하지만 자폐 스펙트럼 장애 유아의 부모 입장에서는 아이와 놀아 주고 싶어도 아이가 관심이 없거나 오히려 신체접촉을 하면 도망치듯 자리를 피해 버리는 경우가 많아 놀아 주기가 쉽지 않고, 상처를 받을 수가 있습니다. 또한 놀이에 부모가 참여하였을 때 짜증을 내거나 원하는 대로 하지 않았을 경우 중단되는 수도 많아 이러한 과정이 반복되다 보면 부모는 아이와의 놀이에 더 이상 참여하고 싶지 않을 수도 있습니다. 아이가 혼자놀이를 하면 집안일을 하거나 자유 시간을 가질 수 있으므로 아이의 놀이에 무관심해질 수 있습니다. 아이가 혼자 놀 때 더욱 행복해 보이므로 '내가 아이의 즐거움을 방해하고 있나?' 하는 갈등이 찾아오기도 할 것입니다.

'집에서의 놀이'에서 중요한 점은 아이가 즐거워야 한다는 것입니다. 아무리 좋고 비싼 장난감을 사다 줘도, 부모가 아이를 안고 뛰어도 재미를 느끼지 못하면 기쁨의 공유, 즐거움의 대상을 함께 바라보기 등 놀이에서 얻을 수 있는 가치를 이끌어 내기가 힘듭니다. 아이가 즐겁게 반응하지 않는 이유가 무엇일까요? 자폐 스펙트럼 장애 아동은 대부분 외부에서 유입되는 감각적 자극을 뇌로 전달하거나 혹은 유입된 자극에 대해 적절하게 반응하는 데 어려움을 보입니다. 또한 주변 환경이나 사물을 다룰 때 특정 감각에 대해 예민하게 반응하거나 혹은 둔감하게 반응할 수 있습니다. 그래서 부모님이 이름을 불렀을 때에는 반응을 보이지 않다가 창문 밖에서 자동차가 지나가는 소리에는 바로 반응하여 창밖을 내다보는 것입니다. 또한 자동차 바퀴를 계속 굴리는 것은 시각적·촉각적으로 만족감을 주지만 부모와 눈 맞춤을 하고 공을 주고받는 것에서는 혼자 감각적 놀이를 즐기는 것보다 만족감을 주는 정도가 약하기 때문에 쉽게 놀이를 중단하거나 관심조차 보이지 않는 것입니다.

그럼, 어떠한 놀이가 아이들의 상호작용을 이끌어 줄 수 있고 혼자 하는 놀이만큼 즐거움을 줄 수 있을까요? 바로 부모님과 함께하는 적극적인 신체놀이입니다. 가장 기본적이면서 재미있는 신체놀이를 통해 아동은 '뭐가 이렇게 재미있고 신나지?'라고 생각하면서 엄마 얼굴을 한번 쳐다보고 놀이를 지속하기 위해 아빠에게 다가가 손을 잡고 눈 맞춤 하며 놀이를 요구하게 되는 것입니다.

이제 부모와 함께 집에서 할 수 있는 모아놀이, 감각놀이를 몇 가지 소개하도록 하겠습니다.

놀이를 할 때에는 전통놀이를 포함한 다양한 동요, 생활 속의 상황을 반영해 만드는 노래를 응용할 수 있습니다. 예에 있는 놀이 자체보다는 놀이를 할 때의 상호작용, 즐거움에 더 의미를 가지고 하기 바랍니다.

❖집에서 하는 모아놀이 ①

놀이 제목	김밥말이
놀이 효과	놀이를 통해 엄마와 아동의 눈 맞춤을 증진하고, 이불의 압박감을 느낌으로써 촉감각 발달을 촉진할 수 있다. 또한 전정기관의 감각 발달을 자극한다.
노래	〈도토리 – 유성윤 작사/황철익 작곡〉 떼굴 떼굴 떼굴 떼굴 도토리가 어디서 왔나? 단풍잎 곱게 물든 산골짝에서 왔지!
놀이 방법	• 엄마가 노래를 하면서 담요로 아동의 몸을 김밥 말듯이 말아 준다. • 엄마가 이불을 감고 있는 아동을 손으로 주물러 준다. • 엄마가 건너편으로 가서 담요 끝을 잡고 "하나, 둘, 셋" 하면서 담요를 또르르 풀어 준다.
놀이 포인트	• 담요를 말 때 아동의 팔과 다리가 곧게 유지되어야 한다. • 담요를 풀 때 아동이 무서워할 수 있으므로 처음에는 천천히 담요를 풀고 익숙해지면 빠르게 푼다.
사진	

❖집에서 하는 모아놀이 ②

놀이 제목	다리치기
놀이 효과	놀이를 통해 엄마와의 자연스러운 눈 맞춤을 증진하고, 촉감각 발달을 촉진시킨다. 또한 신체 인지를 향상시킬 수 있다.
노래	(악보) 옆집 개가　밥을 먹다　목에 걸려　캑 옆집 개가 밥을 먹다 목에 걸려 캑!
놀이 방법	• 엄마의 집게손가락으로 아동의 허벅지 안쪽 여러 부분을 꾹꾹 지긋이 눌러 준다 • 마지막 '캑' 부분에서 엄마의 손으로 아동의 가슴과 배를 간지럽힌다.
놀이 포인트	• 간지럼을 많이 타는 아동은 힘들어할 수 있으므로 간지럼 태우는 수준을 아동에게 맞게 조절한다. • 눕기 어려운 아동은 앉아서 해도 좋다. • "손가락~"이라고 하며 엄마의 검지와 아동의 검지가 만나는 놀이도 할 수 있다.
사진	(사진)

❖집에서 하는 모아놀이 ③

놀이 제목	깜빡과 빤짝
놀이 효과	놀이를 통해 전정기관의 감각을 자극하고, 엄마와 아동의 눈 맞춤을 증진한다.
노래	〈새눈은 깜박 – 전래동요〉 새 눈 은　　　　　　깜 빡 ○○ 눈 은　　　　　　빤 짝 새 눈은 깜빡! ○○ 눈은 빤짝!
놀이 방법	• 엄마가 아동을 업고 무릎을 구부렸다 폈다 하면서 위아래로 반동을 준다. • 엄마가 아동을 업고 제자리에서 깡충 뛰면서 엄마는 아동의 얼굴 쪽으로 고개를 돌린다.
놀이 포인트	놀이를 응용하여 아동을 엄마의 허리춤에 가로로 잡고 할 수 있다.
사진	

❖집에서 하는 모아놀이 ④

놀이 제목	노 젓기
놀이 효과	놀이를 통해 아동과의 눈 맞춤을 증진하고, 다른 사람과 손을 잡는 신체접촉을 통해 상호작용을 경험한다. 또한 아동이 놀이를 주도하여 자발성이 촉진된다.
노래	〈마이클 노를 저어라 – 김성덕 편곡〉 마이클 노 를 저 어 라 할 렐 루 야 마이클 노 를 저 어 라 할 렐 루 – 야 (1절) 마이클 노를 저어라 할렐루야 마이클 노를 저어라 할렐루야 (2절) 동그라미 안에 다 색칠하면 동그라미 달 되어 내 얼굴 되네
놀이 방법	• 노래 시작 전 마주 잡은 손을 좌우로 움직이며 신나게 흔든다. • 노래가 시작되면 엄마는 아동과 잡은 손을 당겼다 밀었다를 반복한다.
놀이 포인트	• 초반에는 엄마가 주도적으로 밀고 당기기를 한다. 점차 아동이 주도하도록 기다려 준다. • 놀이를 응용하여 고리를 마주 잡거나 친구와 손을 잡고 놀이를 할 수 있다.
사진	

❖집에서 하는 모아놀이 ⑤

놀이 제목	땅꼬마
놀이 효과	• 놀이를 통해 전정기관의 감각을 자극한다. • 놀이를 통해 상황 예측능력을 증진한다.
노래	〈이일래 작사/작곡〉 땅꼬마 올라간다! 땅꼬마 내려간다! 땅꼬마 올라가서 또 다시 내려온다!
놀이 방법	• 엄마의 무릎을 살짝살짝 반동을 주면서 위아래로 움직인다. • 엄마의 무릎을 구부리면서 올라간다는 가사에 맞춰 아동을 높이 올린다. • 엄마의 무릎을 내리면서 내려간다는 가사에 맞춰 아동을 바닥으로 내린다.
놀이 포인트	• 바닥으로 내릴 때 아동의 겨드랑이를 지지하면서 떨어지는 속도를 조절한다. • 무서워하는 아동은 위치변화를 적게 준다.
사진	

❖집에서 하는 모아놀이 ⑥

놀이 제목	발등타기
놀이 효과	놀이를 통해 엄마와의 부드러운 움직임을 경험하여 촉감각 발달을 촉진한다.
노래	둘 이 살 짝　손 잡 고　오른쪽으로 돌아요 둘 이 살 짝　손 잡 고　왼쪽으로　돌아요 둘이 살짝 손잡고 오른쪽으로 돌아요 둘이 살짝 손잡고 왼쪽으로 돌아요
놀이 방법	• 엄마가 아동의 등을 잡고 오른쪽으로 45도 앞으로 한 걸음 나아간다. • 엄마가 아동의 등을 잡고 왼쪽으로 45도 앞으로 한 걸음 나아간다. • 엄마가 아동의 등을 잡고 오른쪽으로 한 바퀴 돈다.
놀이 포인트	• 엄마가 아동을 업거나 아동의 손을 잡은 자세로 놀이를 할 수 있다. • 놀이를 할 때 부드럽게 움직여 아동이 안정감과 행복감을 느끼게 해 준다. • 엄마가 아동의 보폭만큼 움직인다.
사진	

❖집에서 하는 모아놀이 ⑦

놀이 제목	콩쥐팥쥐
놀이 효과	놀이를 통해 전정기관 감각을 자극한다.
노래	 콩쥐 팥쥐~ 콩콩콩 콩쥐~ 팥팥팥 팥쥐~
놀이 방법	• '콩'에 엄마의 상체를 충분히 구부린다. • '쥐'에 엄마의 상체를 천천히 일으킨다. • '콩콩콩' '팥팥팥'에 엄마가 아동을 업고 세 번 깡충 뛴다.
놀이 포인트	엄마가 상체를 구부릴 때 아동이 무서워할 수 있으므로 천천히 구부리고 천천히 일으킨다.
사진	

❖집에서 하는 감각놀이 ①

놀이 제목	소금반죽 놀이
놀이 효과	• 다양한 촉감을 경험하여 촉감각 발달을 증진시킨다. • 도구 놀이를 통하여 소근육 발달을 증진시킨다.
놀이 도구	굵은 소금과 밀가루를 1:2의 비율로 넣고 섞은 후 만든 반죽, 빵 칼, 모양 찍기 도구
놀이 방법	• 반죽 덩어리를 주고 엄마가 떼어 보거나 주무르며 탐색해 본다. • 아동이 만지기를 싫어하는 경우 엄마가 손가락으로 꾹꾹 눌러 본다. • 아동이 손가락으로 눌러 보도록 유도한다. • 반죽을 굴려서 길게 만든 후 빵 칼로 썰어 본다. • 흥미를 보이면 아동에게 칼을 주고 썰어 보게 한다. • 이 외에 다양한 찍기 도구로 찍어 본다.

놀이 포인트	• 소금반죽을 만드는 과정을 아동이 관찰할 기회를 주는 것도
	  좋다.
	• 반죽을 가지고 놀기 좋을 정도로 탄력이 생기도록 반죽 후 30분
	  이상 냉장고에 넣어 두는 것도 좋다.
	• 소금은 가장 굵은 천일염을 사용해야 소금의 질감을 느낄 수
	  있다.

사진	

❖집에서 하는 감각놀이 ②

놀이 제목	스펀지 놀이
놀이 효과	• 다양한 촉감을 경험하여 촉감각 발달을 증진시킨다. • 소근육 발달을 도모한다.
놀이 도구	작은 스펀지, 물비누, 물, 쟁반
놀이 방법	• 스펀지를 손 안에 꽉 쥐어 숨겼다가 나타나는 것을 보여 주며 시선을 유도한다. • 스펀지 3개 정도를 쌓아 올리고 입김으로 불어 쓰러트리며 놀이한다. • 쟁반에 물을 부어 주고 스펀지에 물을 먹인 다음 짜기 놀이를 한다. • 물 스펀지를 갖고 놀게 한 다음 물비누를 넣어 준다. • 거품을 입으로 불기, 아이스크림 만들기 등 다양한 방법으로 놀이를 한다.
놀이 포인트	아동이 감각적으로 예민한 경우 엄마가 놀이하는 것을 충분히 관찰할 시간을 주고, 처음에는 살짝 만지게 한 다음 즉시 거품을 닦아 주고 다시 만지기를 반복하여 감각 거부를 단계적으로 줄인다.
사진	

❖집에서 하는 감각놀이 ③

놀이 제목	수수깡 놀이
놀이 효과	• 소근육 발달을 증진시킨다. • 눈과 손의 협응력을 촉진한다. • 수수깡이 부러지는 시각적 · 청각적 자극을 경험한다. • 부러트리는 행위를 통하여 공격성을 긍정적으로 표현할 수 있다.
놀이 도구	수수깡, 투명한 페트병, 이쑤시개, 스티로폼, 쟁반
놀이 방법	• 양손으로 수수깡을 움켜쥐고 부러트린다(수수깡을 쥐어뜯지 않도록 양손으로 잡는 것을 도와준다). • 자유롭게 부러트리는 것이 잘되면 구령에 맞춰 부러트린다. • 작게 부러트린 수수깡 조각을 병에 넣어 본다. • 다 넣은 것을 흔들어서 빼 본다. • 수수깡 조각에 이쑤시개를 끼운다(아동이 이쑤시개 끼우는 것을 어려워한다면 도와준다). • 이쑤시개를 끼운 수수깡을 스티로폼에 꽂는다.
놀이 포인트	• 구령에 맞춰 부러트리지 못하는 경우 아동의 손 위에 어른 손을 올려놓고 힘을 주고 있다가 적절한 순간에 힘을 빼어 아동이 부러트리도록 이끈다. • 수수깡 조각을 먹지 않도록 한다.
사진	

❖집에서 하는 감각놀이 ④

놀이 제목	빨대불기 놀이
놀이 효과	• 호흡 조절(날숨) 능력을 향상시킨다. • 촉감각 발달을 도모한다.
놀이 도구	빨대, 투명한 컵, 물, 우유, 쟁반
놀이 방법	• 엄마가 빨대로 아동이 볼 수 있는 신체 부위(손가락, 팔)에 바람을 불어 준다. • 아동의 등, 목, 귓불과 같이 스스로 볼 수 없는 곳에 바람을 불어 준다. • 우유에 빨대 바람을 불어 '뽀글뽀글' 거품을 만들어 본다. • 빨대로 불면서 우유의 상태 변화를 관찰해 본다. • 우유 거품을 만지고, 터트리고, "후~" 불어 보는 감각 자극을 경험한다.
놀이 포인트	• 아동이 빨대를 불 수 없다면 강요하지 말고, 먼저 엄마가 불어 준다. • 찬 우유를 불었을 때 거품이 잘 생긴다. • 침이 섞이면 거품이 생기지 않으므로 우유를 나누어서 사용한다.
사진	

5) 말이 너무 안 나와서 답답해요. 어떻게 하면 도움을 줄 수 있을까요?

영유아기의 언어발달을 살펴보면 5~8개월경에는 옹알이를 하다가 9~12개월경에는 언어모방이 활발해지고, '엄마' '아빠' '맘마' 등 한두 개의 의미 있는 말을 할 수 있게 됩니다. 유아는 사물과 행동에 특정 음과 의미가 있음을 이해하기 시작하고, 자신의 생각을 상대에게 전달하기 시작합니다. 2세 전후에는 두 낱말을 사용하여 의사전달이 가능합니다. 언어발달의 기초능력은 소리를 구분할 수 있고 단어의 뜻을 이해할 수 있어야 하므로 초기 언어습득 시에는 언어표현능력보다는 언어를 듣고 이해하는 능력이 먼저 발달하다가 균형을 이루게 됩니다.

대부분의 부모님들은 자녀의 언어발달이 지체되어 병원을 찾았다가 진단을 받게 되는 경우가 많습니다. 그래서 부모님들은 언어교육에 많은 시간과 돈을 투자하게 됩니다. 하지만 노력한 만큼 결과가 나오지 않아 답답하기도 하고, 갑자기 말이 트인 아동을 보면 부럽기도 하고, 그 아이가 받았던 치료를 맹신하여 무작정 따라 하기도 합니다.

그렇다 가정 내에서 어떠한 방법으로 아이에게 도움을 줄 수 있을까요? 부모님은 언제나 따뜻하고 수용적인 분위기를 유지하고 말이 나오기까지 아동과의 상호작용을 통하여 소통의 연결고리를 만들어 주는 것이 중요합니다. 실생활에서 놀이를 통해서 자연스러운 언어를 습득할 수 있는 환경을 만들어 주는 것이 가장 좋습니다. 아이는 즐거워 자연스럽게 소리를 지를 수 있고, 표현하면서 요구를 하게 됩니다. 외부 환경에 자주 접하도록 하여 다양한 사람들과 사물의 소리를 듣고, 상황을 이해할 수 있도록 기회를 제공해 줍니다. 예를 들어, 평소 아동이 손을 끌고 냉장고에 간다면 아동이 굳이 말로 표현하지 않아도 부모는 우리 아이가 무엇을 원하는지 알기 때문에 아이에게 언어적 혹은 비언어적으로 좀 더 구체적으로 표현할 수 있는 기회를 주지 않고 바로 원하는 것을 꺼내 주는 경우가 많습니다. 이때 아동이 스스로 표현할 수 있도록 시간을 주고, 아동이 반응할 수 없다면 구체적으로 사물의 명칭을 얘기해 주고 "주세요."라는 언어적 표현과 두 손을 모으는 시범을 보여 알려 주는 것이 좋습니다.

또한 언어부분에서 말로 표현되지 않는, 비언어적인 부분도 언어 이전 단계에서는 상당히 중요하므로 비언어적인 측면 또한 발달시켜 줘야 합니다. 특히 자폐 스펙트럼 장애 아동은 언어 이전단계에서 보이는 '가리키기, 같은 곳을 바라보기, 좋아하는 장난감을 들어서 보여 주기, 갖다 주기' 등 사회적 상호작용 측면의 비언어적 표현에서도 어려움을 갖습니다. 이러한 비언어적 표현 역시 부모님과의 놀이를 통하여 자연스럽게 발달시킬 수 있습니다. 부모님과 아동이 마주 보며 놀이할 때 의사소통의 기본이 되는 눈 맞춤을 자연스럽게 배울 수 있고, 부모님이 하는 말과 행동을 보고 따라 하며 언어적·행위적 모방을 배우고, 같은 곳을 바라보게 되며, 간단한 말과 행동을 반복하여 주고받으며 기본적인 대화 형태를 친숙하게 만들어 갈 수 있습니다.

6) 자폐에 관련된 인터넷 정보를 검색해 보면 유익한 정보도
   있지만 우리 아이도 저렇게 자라나게 될까 봐 우울해지는
   경우가 더 많아요. '더 이상 보지 말아야겠다.' 마음먹어
   도 계속 빠져들게 돼요. 어떻게 하면 유익한 정보를 얻을
   수 있을까요?

자폐 스펙트럼 장애 진단을 처음 받았을 때 받아들이기가 쉽지 않
지만, 내 아이와 관련된 문제이기에 인터넷 혹은 책을 통하여 많은
정보를 얻기 위해 노력할 것입니다. 특히 인터넷을 통하여 널리 알
려진 지식들을 습득하고 우리 아이에게 맞는 치료법을 찾는 경우가
많습니다. 이때 인터넷 글 혹은 책에 나온 아이의 상태가 우리 아이
의 상태와 일치하는 것 같고 여태까지 눈에 보이지 않았던 아이의
행동들이 떠올려지며 모든 행동들이 다 문제행동 같은 생각이 들어
더욱 깊은 절망에 빠지기도 합니다. 또한 수기에 등장한 아이의 미
래가 우리 아이의 미래와 연결되면서 아이의 미래에 대해 무조건 희
망적으로 바라보거나 혹은 처음부터 좌절하여 아무것도 하고 싶지
않은 무기력한 상태에 빠지게 됩니다. 결국 같은 입장의 부모님을
돕기 위해 쓰여진 글들이 처음 진단을 받은 부모님들의 마음을 혼란
스럽게 할 수 있습니다.

자폐 스펙트럼 장애의 스펙트럼이라는 단어처럼 여러 가지 다양
한 특성을 개개인마다 다르게 갖기 때문에 인터넷에 나온 상황이 무
조건 우리 아이와 관련된 것은 아닙니다. 눈 맞춤을 지속적으로 회
피하는 아동, 반대로 한 사람을 오랜 시간 동안 지속적으로 응시하

는 아동, 가만히 있지 못하고 지속적으로 뛰어다니고 움직이는 아동, 몸을 움직이지 않고 가만히 누워만 있으려는 아동, 따가운 물체를 아무렇지 않게 꾹꾹 누르며 즐기는 아동, 반면 크레파스조차 쥐기 힘들어하는 아동 등 모두 다 같은 자폐 스펙트럼 장애 아동입니다. 예시와 함께 그에 따른 중재 방법이 나와 있는 사례집, 아이와 함께할 수 있는 놀이가 들어 있는 활동집, 진단과 원인, 그리고 아이의 특징이 자세히 나와 있는 이론서 등을 참고하시는 것은 좋으나 내 아이에 대해 궁금한 것이 있다면 진단을 받은 병원이나 아이의 치료 선생님과 상의하는 것이 좋습니다.

참고문헌

김광호, 조미진, EBS Media(2012). 오래된 미래, 전통육아의 비밀: EBS 다큐프라임. 서울: 라이온북스.
김붕년(2012). 내 아이의 평생행복을 결정하는 아이의 뇌. 서울: 국민출판사.
김유미(2009). 뇌를 알면 아이가 보인다. 서울: 해나무.
김지영(2015). 영아 어머니의 양육태도와 양육스트레스. 스트레스연구 제23호 제 2호.
김혜리, 정명숙, 박선미, 박영신, 이현진 역(2010). 자폐증과 아스퍼거 증후군 아동. 서울: 시그마프레스(주).
방경숙 외(2014). 아동간호학. 서울: 정담미디어.
서울대학교병원 소아정신과 발달장애아 주간치료실 애착증진치료 프로그램팀 (2013). 발달장애아를 위한 애착증진치료 프로그램 매뉴얼. 서울: 좋은땅.
양문봉, 신석호(2011). 자폐 스펙트럼 장애 A to Z. 서울: 시그마프레스(주).
이현경(2007). 태어나서 두 살까지 부모가 꼭 알아야 할 아기발달 심리학. 서울: 한울림.

임숙빈 외(1994). 자폐적 행동양상을 보이는 아동과 어머니 간의 애착발달에
　　　관한 분석적 연구. 정신간호학회지, 3권, 1호, 22-43.
질병관리본부 만성질환 관리과(2014). 한국 영유아 발달선별검사 사용지침서.
홍강의 외(2014). DSM-5에 준하여 새롭게 쓴 소아정신의학. 서울: 학지사.

Barbaro, J., Ridgway, L., & Dissanayake, C. (2011). Developmental
　　　surveillance of infants and toddlers by maternal and child health
　　　nurses in an australian community-based setting: promoting the
　　　early identification of Autism Spectrum Disorders. *Journal of
　　　Pediatric Nursing, 26*(4), 334-347.

부평구 청천보건지소(2016. 12. 5.). 영유아건강검진 K-DST(4~5개월).
　　　http://www.icbp.go.kr/open_content/bbs.do?act=detail&msg_
　　　no=8&bcd=formdata
부평구 청천보건지소(2016. 12. 5.). 영유아건강검진 K-DST(30~32개월).
　　　http://www.icbp.go.kr/open_content/bbs.do?act=detail&msg_
　　　no=22&bcd=formdata

제3장

유아기 및 학령기
자폐 스펙트럼 장애 아동

자폐 스펙트럼 장애는 진단을 받은 즉시 치료 및 교육을 시작하는 것이 최선입니다. 기다리면 기다릴수록 자폐 스펙트럼 장애 아동의 예후는 긍정적인 결과를 만들기 어렵기 때문입니다. 따라서 자폐 스펙트럼 장애 유아 및 아동에게 가장 바람직한 교육은 조기에, 즉 발견 즉시 개입하는 것입니다. 조기에 개입한다고 하더라도 어떤 프로그램이 내 자녀에게 좋은 것일까에 대해 가족들은 많은 고민을 하게 됩니다. 혼란스럽도록 많은 정보 속에서 옥석을 가려내어 효율적으로 자녀의 발달을 돕기 위해서는 양질의 정보가 필요합니다. 많은 연구자, 학자, 현장전문가들은 부모의 효율적인 판단에 기여하고자 지금까지의 연구결과를 토대로 근거를 제시하면서 판단의 기준을 마련하고 있습니다. 교육현장이 갖추어야 할 요소들은 다음과 같습니다.

- 사회성 및 의사소통 기술을 강조한 프로그램
- 집중적인 시간
- 구조화된 교육
- 부모참여
- 일반화를 위한 프로그램
- 교사의 자질
- 정상아동과의 통합
- 최근 검증된 연구결과가 반영된 실제

따라서 부모 혹은 전문가는 현재 자폐 스펙트럼 장애 유아를 위한 지원 서비스, 치료 혹은 교육을 계획하면서 이 아홉 가지의 요소들이 어느 정도 내포되어 있는가를 가늠해 보는 것이 중요하겠습니다.

1. 조기교육으로서의 특수교육

일반적으로 조기교육, 조기개입, 유아특수교육은 약간의 차이는 있지만 모두 특수교육을 의미하는 용어라 할 수 있으며, 발달의 지연을 보이는 영유아들은 모두 특수교육을 받을 수 있는 대상이 됩니다.

「장애인 등에 대한 특수교육법」에서는 "특수교육이란 특수교육대상자의 특성에 적합한 교육과정 및 특수교육 관련 서비스 제공을 통하여 이루어지는 교육을 말한다."고 명시하고 있습니다. 즉, 특수교육은 개개인의 독특한 교육적 요구에 부합하는 교육을 제공하는 것을 의미합니다. 여기서 '개개인의 독특한 교육적 요구에 부합하는 교육'이라는 것은 발달의 어려움을 지닌 아동에게 필요한 지원을 개인의 특성이나 발달연령에 맞게 제공해야 한다는 것을 의미합니다. 다시 말해, 특수교육은 발달이 늦은 영유아 및 아동에게 장애 특성과 발달 수준에 맞는 교육을 계획하고 실행하는 맞춤형 교육이라 말할 수 있습니다.

2. 특수교육은 어디서 받을 수 있으며 어떤 절차가 필요한가요

특수교육은 크게 분리교육과 통합교육 접근으로 이루어질 수 있습니다. 분리교육과 통합교육은 비장애 또래가 교육장면에 함께 참여하는가로 구분 지을 수 있습니다. 먼저 유아교육에 있어서 분리교육과 통합교육 형태의 조기교육에 대해 설명하면 다음과 같습니다.

1) 유아기

(1) 분리교육

분리된 형태의 특수교육에는 가정중심(home-based), 센터중심(center-based), 학교중심(school-based), 병원중심(hospital-based)의 교육이 있습니다.

현재 국내에서는 가정중심 특수교육을 받고 싶은 경우 특수교육지원센터를 통해 대상 신청을 하면 특수교사가 가정으로 파견되어 순회교육을 실시하게 됩니다. 주로 이동이 어려운 중복장애이거나 부득이하게 가정중심 서비스가 필요한 경우 순회교육을 하게 됩니다. 또한 0~2세 영아의 경우 주 양육자의 양육방법이나 환경조성이 중요하고, 이를 위해 부모교육을 포함한 가족지원을 해야 하기 때문에 순회교육을 실행하는 경우도 있습니다.

병원중심의 조기교육은 개별 지원 혹은 집단 지원의 형태로 이루어지며, 병원 내 유아특수교육 지원은 소수 종합병원 혹은 개인병원에서 실행되고 있습니다. 병원중심의 조기교육은 의료진이 지원팀 구성원으로 역할을 할 수 있으며, 그 외 언어치료사, 사회복지사 등 필요한 전문 인력이 함께 지원하기도 합니다.

학교중심의 조기교육은 '유아특수학교' 혹은 '특수학교 유치부'에서 실행되는 것을 말합니다. 유아특수학교는 초등학교와는 별도로 독립적으로 운영되는 형태를 의미하며, 초등 특수학교 부설 유치부는 해당 초등 특수학교로의 진학이나 교육과정과의 연계를 중점으로 운영하고 있습니다.

가장 보편적인 형태는 센터중심 조기교육입니다. 센터는 조기교육을 목적으로 하는 지원이 실행되고 있으며, 개별, 소집단, 대집단 형태의 교육이 이루어집니다.

앞의 네 가지 접근방법의 특수교육을 받는 절차는 순회교육 외에는 모두 각각의 기관에서 요구하는 절차를 받아야 교육을 받을 수 있습니다. 예를 들어, 병원의 경우 대부분 소아정신과 진료 절차를 거쳐서 의사의 의뢰 후 교육이 가능할 수 있으며, 유아특수학교나 특수학교 유치부의 경우 필요한 서류 제출 및 입학 상담 후 입학 여부가 결정될 수 있습니다.

 Tip

「장애인 등에 대한 특수교육법」에 따라 특수교육대상 유아의 유치원 과정 의무교육이 실시되었습니다. 장애인 등록 유아의 경우 모두 특수교육대상자 유아로 선정되는 것이 아니며, 장애 유아 및 장애 위험이 있는 유아는 거주 지역 특수교육센터에서 특수교육대상자 여부에 대해 진단 평가를 받은 후 의무교육 대상 유아로 선정됩니다. 특수교육 대상 유아로 선정되면 보호자는 유치원 과정에 유아를 취학시켜야 하는 의무를 지니게 되며, 특수교육 운영위원회에서는 보호자의 의견을 수렴하여 특수학교 유치부, 특수학급이 설치되어 있는 유치원 등에 유아를 배치합니다. 보호자가 보육시설 이용을 원할 경우 이 또한 의무교육으로 인정받을 수 있습니다.

(2) 통합교육

「장애인 등에 대한 특수교육법」에서는 "통합교육이란 특수교육대상자가 일반학교에서 장애유형 · 장애정도에 따라 차별을 받지 아니하고 또래와 함께 개개인의 교육적 요구에 적합한 교육을 받는 것을 말한다."고 명시하고 있습니다. 즉, 일반교육 현장에 장애 아동을 포함시키는 것이며, 장애 아동과 일반 아동이 사회적 활동이나 교수활동에서 의미 있는 상호작용을 하도록 교육받는 것입니다.

자폐 스펙트럼 장애 아동에게 통합교육은 다음과 같은 의미를 가집니다.

첫째, 통합교육은 자폐 스펙트럼 장애 유아의 사회적 상호작용의 기회를 증진시킬 수 있습니다. 자폐 스펙트럼 장애 유아의 어려움은 또래 친구들에게 놀이나 상호작용을 시작하기 어렵다는 데에 있습니다. 주양육자와의 상호작용을 통해 배우는 영아기가 지나면 전형적 발달을 하는 유아의 경우 또래에 대한 관심이 증가하면서 또래와 놀이하고 관찰하면서 언어 및 인지 기술뿐 아니라 사회적 능력을 배우게 됩니다. 놀잇감 공유하기, 함께 즐거워하기, 친구의 마음 알기, 도움 청하기, 양보하기, 타협하기, 협력하기 등은 자폐 스펙트럼 유아가 배워야 할 사회적 기술입니다. 이러한 기술은 상호작용을 촉진하는 통합환경에서 또래들의 도움을 받으면서 형성시켜 나갈 수 있습니다.

둘째, 자폐 스펙트럼 장애를 지닌 아동은 습득한 기술을 실제 생활에서 적용하는 일반화능력이 부족합니다. 분리된 장면에서 반복적으로 습득한 기술들이 가정이나 지역사회에서 일반화되어서 독립적으로 나타나는가는 중요하며, 자폐 스펙트럼 장애 아동의 교육 및 치료 효과를 평가하게 하기도 합니다. 일반화의 어려움은 자폐 스펙트럼 장애 아동의 특징 중 다양한 자극에 반응하는 것을 어려워하는 것과 관련되어 있습니다. 이러한 어려움들을 극복하도록 하기 위해 많은 학자들이 일반화가 가능한 전략들을 개발하고 보급해 왔습니다. 그중에 하나가 '자연스러운 환경에서 교수'하고 '기능적인 중재자'를 활용하고 '다양한 자극 환경'을 제공하는 것이라 할 수 있습니다. 따라서 자폐 스펙트럼 장애 유아에게 통합교육 환경은 이러한 요소들을 가지고 있는 의미 있는 중재환경이라 할 수 있습니다. 〈표 3-1〉은 2013년과 2014년의 유아특수교육 기관 수의 증감을 나타내고 있습니다. 전반적으로 통합 형태인 유치원 특수학급의 기관 수가 증가되고 있는 경향은 통합의 긍정적 성과에 대한 축적된 증거를 토대로 나타난 결과라 할 수 있습니다.

〈표 3-1〉 **유아특수교육 기관의 증감**

구분		2013년	2014년	증감
유아특수교육 기관 수(개)	특수학교 유치원	119	120	1
	유치원 과정만 운영하는 특수학교 유치원	9	9	0
	유치원 특수학급	346	406	60
	계	465	526	61

출처: 교육과학기술부(2014).

그러나 이러한 긍정적 성과는 자폐 스펙트럼 장애 유아에게 필요한 지원이 이루어졌을 때 가능합니다. 즉, 자폐 스펙트럼 장애의 특성에 대해 잘 알고 있는 전문 교사가 배치되어야 하며, 교사는 학급 운영에 있어서 자폐 스펙트럼 장애 유아를 지원할 수 있는 물리적 환경, 사회적 환경을 구성해야 합니다. 이는 자폐 스펙트럼 장애 유아의 감각적 특성을 고려한 시각적 혹은 청각적 자극 환경을 어떻게 수정할 것인지에서부터 학급 또래들을 대상으로 자폐 스펙트럼 장애 친구와 어떻게 의사소통하고 상호작용하는가를 교육하는 데에 이르기까지 다각적인 측면에서의 지원을 의미합니다. 따라서 이러한 지원이 없는 경우 자폐 스펙트럼 장애 유아는 적절한 지원을 받기 어려워서 물리적으로 공간만 함께하고 있는 통합 형태가 되기 쉬우며, 통합교육에서 얻을 수 있는 긍정적 성과는 기대하기 어려울 수 있습니다.

현재 통합 유치원의 경우, 국공립을 중심으로 특수학급이 설치되

어 있으며 유아특수교육을 전공하고 임용고시 후 배치된 유아특수
교사가 있습니다. 장애통합 어린이집에도 학급당 장애 유아 3명을
지원하고 있는 통합교사가 특수교사 역할을 하고 있으며, 교사들은
보육진흥원을 통해 교사교육을 받고 자격을 갖춘 교사입니다.

  학령기 전 자폐 스펙트럼 장애를 지닌 아동이 배치될 수 있는 통
합교육기관으로는 보육기관과 교육기관이 있습니다. 입급 절차는 특
수교육대상자로 진단 평가를 받은 후에 기관을 선택하여 교육을 받
을 수 있습니다. 특수교육대상자로서 적합한가에 대한 판단과 기관
의뢰와 관련된 도움은 각 지역의 특수교육지원센터(support.knise.
kr)에서 하고 있습니다.

  장애통합 어린이집과 유치원의 일반학급의 경우 2013년부터 시
행된 만 3~5세 누리과정으로 교육과정이 통합되어 적용되고 있으
며, 장애 유아가 학급에 있을 때 지원할 수 있도록 『교사용 지도서』
가 2014년에는 5세, 2015년에는 3~4세 적용을 위해 교육부에서 전
국에 배부되었습니다. 이 지도서는 누리과정 활동안이 장애 유아에
게 어떻게 적용되어야 하는가를 명시하고 있으므로, 유치원 및 어린
이집 통합 지원 교사들이 장애 유
아의 참여를 돕고 성공적 통합을
지원하기 위해 활용할 수 있을 것
입니다.

[그림 3-1] 누리과정 장애 유아
를 위한 교사용 지도서

Q & A

Q) 제 아이는 발달이 많이 늦어서 한 살 어린 반에 입급시키려
고 합니다. 어떨까요?

A) 통합학급으로의 배치 시 생활연령에 맞게 배치되는 것이 교육적
으로 유익할 수 있습니다. 자폐 스펙트럼 장애 아동의 경우 사
회적 의사소통의 결함으로 인해 통합교육이 교육적 지원에 있어
중요하며, 이를 위해서는 또래와의 사회적 의사소통의 기회가
자연스럽게 제공될 수 있는 생활연령이 같은 일반 아동들의 학
급에 배치되는 것이 효과적일 수 있습니다. 특히 자폐 스펙트럼
장애와 신체적 발육 지연은 관련이 없으므로, 친구들과 키나 몸
무게 등 비슷하게 성장하는 경우 1년 아래 반에 입급하는 것이
오히려 부자연스러워 보이면서 또래와의 상호작용을 방해할 수
있습니다.

사례 1

선우는 소망유치원 만 4세반에 통합되어 있는 뇌성마비를 지닌 유
아다. 28명의 또래와 함께 오전 9시부터 오후 2시까지 두 명의 교
사와 함께 지낸다. 두 명의 교사는 주담임과 부담임으로 유치원 일
과 및 활동을 서로 협력하여 계획하고 운영한다. 선우가 속한 학급
에는 선우 외에도 다운 증후군을 지닌 유아 1명이 함께 통합되어 있
다. 소망유치원은 연령별로 두 반씩 여섯 개의 학급으로 구성되어
있으며 총 여덟 명의 장애를 지닌 유아들이 함께 지내고 있다. 특수

교사 두 명이 개별화교육계획의 작성 및 운영을 주도하고 있으며, 담임교사와의 협력을 통하여 이들의 활동 참여와 사회적 통합을 지원하고 있다. 또한 2주에 한 번씩 인근 특수교육지원센터에서 물리치료사와 언어치료사가 방문하여 선우의 요구를 진단하고, 교수활동 계획에 참여하고, 진도를 점검하는 회의에 참여하곤 한다. 특수교사는 이들의 도움을 받아 선우가 학습활동 중에 운동 기술 및 의사소통 기술 목표를 성취하도록 교수한다.

출처: 이소현(2011a).

(3) 연령별 발달 특성 및 교육적 지원

유아들이 성장함에 있어 특정 시기가 되었을 때 보여야 하는 발달상의 과업이 있음을 통해 유아의 발달이 어느 정도는 예측 가능한 양상으로 이루어진다는 점을 알 수 있습니다. 연령에 따른 발달 특성은 영아기, 걸음마기, 유아기를 통해 살펴볼 수 있습니다(이소현, 2003).

〈표 3-2〉 **연령에 따른 발달특성**

발달시기	발달 특성
영아기	4~8주에 이르면 영아들은 사회적이고 반응적인 미소 짓기 행동을 보이게 되며, 이러한 사회적 미소 짓기는 이 시기의 영아들이 사회적인 반응을 하는 데 있어서의 주요 발달지표가 됩니다. 2~3개월에 이르면 영아들은 반응에 있어 사회적인 소리를 내기 시작하며, 이는 사회적 시작행동으로서의 사회적 의미를 지닙니다. 상호성이나 주고받기 행동은 애착의 형성과 발달에 있어 매우 중요한 역할을 하게 되며, 언어와 사회성 발달에도 주요 단계로서 역할을 하게 됩니

	다. 3~4개월에는 사람과 미소 주고받기와 사물을 향한 미소 짓기 등으로 나타나며, 원하는 물건이 있을 경우 손을 뻗쳐서 만지거나 잡는 우연한 행동이 점차 의도적인 행동으로 발전합니다. 이는 눈과 손의 협응 발달을 예측하는 중요한 발달지표 역할을 하게 됩니다. 또래 간 상호작용은 생후 첫해부터 시작되며, 영아는 또래를 사회적인 상호작용의 대상자로 인식하고 사회적 상호작용 능력을 보이게 됩니다. 이러한 능력은 점차적으로 사회적 행동의 시작, 유지, 종료를 위한 행동과 같이 구체적이며 복잡한 행동으로 나타나게 됩니다. 또한 다양한 신체적 행동을 통해 표현되기 때문에 생애 초기의 언어 발달과 인지 및 사회성 발달은 상호 지원적이고 의존적으로 연계되어 있다고 볼 수 있습니다.
걸음마기	생후 2년이 되면 독립적인 보행과 행동이 증가하고 기능적인 언어 기술과 기본적인 사고 능력이 발달하면서 점점 더 협력적인 관계가 형성되어 갑니다. 생후 2년이 지나면서 또래 상호작용은 질적·양적인 면에서 모두 급속하게 시작하며, 사회적 성향을 지닌 행동들이 복잡해지고, 상호 교환적인 행동이 더 길어지며, 안정적인 우정 관계를 형성하게 되기도 합니다. 30개월 정도에 이르면 좀 더 확장된 형태의 상호작용이 나타나기 시작하며, 이러한 확장된 상호 교환 활동은 30개월을 기점으로 꾸준히 증가하기 시작합니다.
유아기	유아들이 3~6세에 이르면 기본적인 운동기능에 있어서 완전한 발달을 성취하게 되며, 언어 기술이 급속하게 발달합니다. 3세 정도가 되면 의미 전달을 위한 의사소통 기술을 습득하며, 이러한 의사소통 기술은 초기 사회적 가상놀이와 게임의 다양성을 높여줍니다. 3~4세에는 협동적 가상놀이가 많이 관찰되며, 상호작용이 주로 언어적 상호 교환에 의존합니다. 5~6세가 되면서 사회적 상호작용 빈도가 증가하고 이야기하기, 웃기, 미소 짓기 등의 행동이 높은 빈도로 나타나게 됩니다. 유아기 발달의 특성은 독립된 정체성을 이해하게 되는 것이며, 이는 자율성의 발달에 필수적인 요소입니다. 또한 집단 활동을 경험하게 되면서 사회적 기술을 보이게 되며 이러한 발달과정을 통해 유아들은 사회적 지식을 형성하게 됩니다. 즉, 집단 구성원을 인식하고, 집단 내 개인들의 행동 특성을 알고, 또래들에 대한 개인적인 판단을 하는 것을 의미하는 사회적 지식을 갖게 되는 것입니다.

출처: 이소현(2003).

자폐 스펙트럼 장애를 지닌 아동은 사회성 및 의사소통에 있어서의 결함이라는 장애의 특성으로 인해 통합교육을 통한 접근이 강조되어야 하며, 장애의 주요 특성에 초점을 맞추어 좀 더 폭넓은 행동변화를 가져올 수 있도록 교수해야 합니다. 이를 위해서는 장애의 특성을 고려한 교수방법들을 적용해야 하며 가능한 한 조기에 발견하여 조기교육을 실시하여야 하며, 또래와의 통합교육을 통해 자연스러운 사회생활 경험, 기술의 일반화를 강조해야 합니다(이소현, 2011b).

〈표 3-3〉 **자폐성 장애 특성을 고려한 교수 적용 내용**

교수방법	교수 적용 내용
장애의 특성을 고려한 교수	자폐 스펙트럼 장애는 사회성 및 사회적 관계의 모든 측면에서 일탈적 발달 현상이 나타나기 때문에 교육에 있어 일상생활 기술, 자조기술, 기능적 의사소통 기술, 사회적 상호작용 기술 등의 사회성 관련 기술이 포함되어야 합니다. 영유아기에는 또래와의 사회적 상호작용 기술에 있어 명백한 결함을 보이기 때문에 사회적 상호작용 기술 교수가 유아교육과정 전반에 걸쳐서 이루어져야 합니다. 이러한 교육과정 운영을 통해 자폐 스펙트럼 장애 영유아들과 또래 간의 우정이 형성될 수 있도록 하고, 이를 위한 구체적인 사회적 기술을 교수하도록 해야 합니다. • 우발 교수－놀이 활동 중 또래 유아와 또래 상호작용에 참여할 수 있는 기회를 구성하고 긍정적 피드백이나 칭찬 제공 • 우정 활동－교육과정 내의 노래나 게임, 활동 등에 친사회적 반응을 삽입함으로써 교사가 직접 활동을 수정 및 실행 상대방의 얼굴 표정이나 몸짓을 통해 상대방의 감정을 이해하고 비유적인 언어를 이해하는 데 있어서의 어려움이 있으므로, 해석적 기술을 학습하도록 배려하는 교육과정이 진행되어야 합니다. 즉, 언어와 관련된 교육과정의 경우 기능성 중심의 사회-의사소통 교육을 통해 자폐 스펙트럼 장애 영유아가 사회인지적 맥락에서 의사소통 기술을 습득할 수 있도록 합니다.

• 교육과정 내의 모든 활동을 언어 발달을 촉진하는 교수의 기회로 활용
• 유아의 환경 내에 있는 모든 행동과 사물을 명명하여 언어 발달 촉진
• 필요시 음성과 함께 몸짓을 사용함으로써 언어 산출에 대한 시각적 단서 제공

출처: 이소현(2011b).

교육기관과 보육기관으로 나누어서 통합교육과 분리교육을 설명하면 다음과 같습니다.

〈표 3-4〉 **기관별 통합교육 및 분리교육**

교육기관	
유치원 특수학급(통합)	특수학교 유치부(분리)
• 특수교육대상자의 통합교육 실시를 위해 일반 유치원에 설치된 학급 • 장애 아동이 1~4인 이하인 경우 1개 학급, 4인 이상인 경우 2개 학급 설치 • 특수교사 담당	• 「장애인 등에 대한 특수교육법」 제2조에 따라 교육기관이라 함은 특수교육대상자에게 유치원 과정을 교육하는 국립, 공립 및 사립학교 • 특수교육대상자의 교육을 위해 일반학교와 분리된 형태로 설립된 학교 • 특수교사 담당
보육기관	
장애아통합 어린이집(통합)	장애아 전문 어린이집(분리)
• 정원의 20% 내에서 장애 아동일반을 편성·운영하거나 장애 아동일반을 별도로 편성하지 않은 채 미취학 장애아를 3명 이상 통합하여 보육하고 있는 어린이집 • 장애 아동 3명에 특수교사 1인 배치 • 특수교육을 수료한 통합교사 배치	• 「장애아동복지지원법」 제32조에 따라 요건을 갖추고, 상시 12명 이상의 장애아(단, 미취학장애아 9명 이상 포함)를 분리하여 보육하는 어린이집 • 장애 아동 3명에 교사 1인 배치 • 교사 3인 중 1명은 반드시 특수교육 자격소지사로 특수교사 배치

출처: 국립특수교육원(2009), 보건복지부(2014).

2) 학령기

학령기에도 필요한 경우 가정중심의 순회교육을 받거나, 센터중심, 병원중심의 교육을 받는 것이 가능합니다. 즉, 중복장애로 인해 학교 출석이 어려울 경우 의무교육 시기인 3세 이후부터는 순회교육 지원이 가능하므로 특수교육지원센터에 요청하고 특수교육대상자 판별 후 가정에서 교육을 받을 수 있습니다. 병원이나 센터와 같은 부가적인 교육은 유아기와 마찬가지로 학령기의 자폐 스펙트럼 장애 아동에게 적절한 서비스가 있는 경우 해당 기관이 요구하는 절차에 따라 지원을 받을 수 있습니다. 그러나 학령기는 유아기보다 더욱 학교교육 중심으로 지원을 받게 되므로 학교교육 내에서 최상의 도움을 받도록 도와주는 것이 바람직합니다.

학령기를 준비하면서 부모는 초등학교 입학을 앞두고 어떤 학교를 선택할지에 대하여 고민하게 됩니다. 부모들이 자폐 스펙트럼 장애 아동의 초등 입학을 앞두고 고민하게 되는 내용 중에는 일반학교와 특수학교, 학교 입학 관련 요인(입학 시기, 특수학급 유무) 등이 있습니다.

이러한 고민과 함께 특수교육지원대상자 판정 배치 및 절차, 입학 전 준비, 학령기 동안의 지원에 대해 알아보도록 하겠습니다.

(1) 일반학교와 특수학교

특수교육대상자로 선정된 학생은 일반학교의 일반학급, 일반학교의 특수학급, 특수학교 중 어느 한 곳에 배치되어 교육을 받게 됩니다. 일반학교의 '특수학급'이란 특수교육대상자에게 통합교육을 실시하기 위하여 일반학교에 설치된 학급을 말합니다. 특수학교는 신체적 · 정신적 · 지적 장애 등으로 인하여 특수교육을 필요로 하는 자에게 유치원 및 초등학교 · 중학교 또는 고등학교에 준하는 교육과 실생활에 필요한 지식 · 기능 및 사회적응 교육을 하는 것을 목적으로 설치된 학교를 말합니다(「장애인 등에 대한 특수교육법」 제2조 제11호).

일반학교의 경우 일반학급과 특수학급에서 통합교육 환경 아래 또래와 함께 개개인의 교육적 요구에 적합한 교육을 받을 수 있습니다. 더불어 특수학급을 설치 및 운영하기 위해 정해진 설비 및 교재교구를 갖추고 특수교사가 교육을 하게 됩니다. 특수학교는 장애를 가진 학생만 다니는 학교로 특수교사가 학생들을 가르칩니다. 또한 일반학교의 '특수학급'과 특수학교는 교육현장에서 적용하는 교육과정이 다릅니다. 일반학교에서는 초등학교, 중학교의 교육과정으로 '공통교육과정'을 사용하며, 고등학교에서는 '선택교육과정'을 사용합니다. 장애 학생이 일반학교의 일반학급에 완전 통합되면 이러한 교육과정을 이수하게 됩니다. 특수학급에 진학할 경우에는 통합학급에서 일반교육과정을 적용받고, 특수학급에서 수업하는 시간에는 일반교육과정이나 특수교육과정을 재구성하여 학습하게 됩니다. 특수학교에서 적용되는 특수교육과정은 창의적 체험활동으로 구성된 기본교육과정과 공통교육과정(초1~중3), 선택교육과정(고1~고3)으로 구성되어 있습니다. 이는 개별 장애 학생의 특성에 맞게 재구성하여 학습할 수 있도록 제공됩니다.

〈표 3-5〉 **특수학교와 일반학교의 특징**

특수학교	일반학교
• 특수교육대상자를 위한 교육과정에 입각한 교수 및 교수방법 • 장애 학생에게 주체적인 활동의 기회 제공	• 통합학급에서 또래 학생들과 함께 수업할 수 있는 환경 • 사회적 의사소통 능력 향상을 위한 자연스러운 기회 제공

〈표 3-6〉에서 나타난 바와 같이 교육과학기술부의 2014년 특수교육 연차보고서에 의하면 유아와 초등 시기에는 특수학급에 입급되어 있는 학생 수가 가장 많지만 중·고등학교로 갈수록 점차 특수학교 학생 수 비율이 높아지는 것을 알 수 있습니다. 이것은 특수학급이 있는 중·고등학교를 찾기 어려운 이유도 있지만 중·고등학교의 경우 교과목 교사들 모두의 장애에 대한 이해가 필요한데다가, 대학입학 준비를 위한 학업중심 교육이 자폐 스펙트럼 장애 학생들의 통합 시 얻을 수 있는 교우관계를 통한 사회적 기술 획득을 기대하기 어렵게 만들기 때문입니다. 더욱이 일반학교보다는 성인기 준비를 위한 기능적 교육과정을 계획하고 실행하는 특수학교가 자녀에게 더 적합하다는 부모님들의 판단이 이러한 경향을 만들기도 합니다. 그러나 일반학교와 특수학교는 사례에 따라 다양한 성과를 보이기도 하여 어떠한 배치가 적합하다고 단정 지을 수 없으므로 상급학교로 진학할 때는 자녀의 현재 발달과 향후 계획, 가족의 우선순위를 고려하여 교육 전문가와 의논하여 결정하는 것이 바람직합니다. 즉, 보다 나은 준비된 통합교육 여건이 마련되어야 하는 것이 미래 학교교육이 지향할 바이므로 부모와 학교의 노력으로 최상의 통합

교육 여건을 만들 수도 있을 것입니다.

〈표 3-6〉 **자폐 스펙트럼 장애 특수교육대상자 현황** (명)

	특수학교	일반학교 (특수학교)	일반학교 (일반학급)	합계
유	97	239	58	394
초	1,203	2,396	395	3,994
중	1,060	1,231	185	2,476
고	935	988	117	2,040
합계	3,295	4,854	755	8,904

출처: 교육과학기술부(2014).

사례 2

기철이는 자폐성 장애 1급으로 일반학교에서의 통합이 중요하다는
주변 사람들의 말을 듣고 일반학교에 입학하였습니다. 부모님은 착
석조차 어려운 기철이에게 학교생활은 힘겨울 수 있겠지만 학교 측
의 배려가 있을 것이란 기대를 하였습니다. 그러나 1학년 담임교사
는 기철이와 같은 장애 아동을 가르쳐 본 경험이 없는 선생님으로
기철이의 학급 내 행동을 어떻게 도와주어야 할지 난감해 하시면서
문제가 있을 때마다 어머니에게 전화를 해서 학교에 와서 도움을
주실 것을 부탁하였습니다. 학습도움실(특수학급)을 가는 시간 외
에도 기철는 일반학급에서의 시간동안 수업에 참여하는 것도 아니
었고, 행복해 보이지도 않았습니다. 또한 기철이의 행동에 지친 선
생님과 친구들도 더 이상은 기철이가 돌아다니는 행동에 신경 쓰지

않고 교실에 없는 아이인 것처럼 기철이를 대하기 시작했습니다. 기철이 부모님은 1년을 보내고 나서도 기철이가 발전을 보이지 않았고 앞으로도 이를 기대하기 어렵다고 판단하여 특수학교로 전학을 보냈습니다. 특수학교에서는 대부분의 선생님들이 기철이와 같은 학생들의 특성을 잘 알고 있었습니다. 부모님은 편안한 마음으로 학교 측과 상담하면서 도움을 받을 수 있었고, 기철이는 점차 자신의 일상에서 도움 없이 스스로 하는 일들이 늘어나고 있습니다.

형기는 자폐성 장애 2급으로 초등학교 입학 전 비장애 친구들이 형기를 괴롭히거나 놀릴까 봐 상당히 걱정을 하며 일반학교를 결정했던 친구입니다. 형기 부모님은 학기 초 담임선생님의 전화를 받았습니다. 형기가 수업시간에 중얼거리는 모습을 보았는데 "내가 어떻게 도와주면 되겠느냐?"라고 하셨습니다. 부모님은 교사의 적극적인 태도에 감사하면서 형기의 상동행동에 대해 이렇게 설명하였습니다. "형기는 다음에 무슨 일이 있을지 모를 때에 많이 불안해하기 때문에 제가 그림이나 사진으로 만든 형기만의 시간표를 만들어 가방에 넣었으니 선생님께서 꺼내서 보여 주면서 다음에 할 일을 말해 주시면 형기가 많이 편안해질 거예요. 또 형기는 친구와 몸이 닿는 것도 싫어해서, 때로 소리를 지르거나 돌발적인 행동을 하는 것은 그런 이유 때문일지도 몰라요. 친구들이 싫어서 그런 건 아니니 선생님께서 잘 설명해 주시면 감사하겠습니다." 부모님의 설명으로 인해 담임선생님은 형기에 대해 자세히 알 수 있게 되었고 담임선생님은 좀 더 협력적인 분위기에서 좋은 성과를 얻어 내기 위해 부모님들과의 간담회 시간에 형기 어머님을 모셔서 형기에 대해 설명하게 하기도 하였습니다. 1학년 동안 형기는 선생님과 친구들의 배려 속에서 함께 공부하고 행복한 학교생활을 할 수 있었습니다.

(2) 학교 입학 관련 요인

학교 입학을 결정하는 데 있어서 학교와 집과의 접근성이 중요합니다. 부모가 장애 아동을 일반학교 중 특수학급이 없는 학교로 입학시키고자 할 때는 학교장이 통합교육의 이념을 실현하도록 법으로 규정하고 있습니다. 또한 한 명의 학생이라도 특수교육이 필요하다면 이를 제공하도록 규정되어 있으므로 접근성을 우선적으로 고려하여 학교의 입학을 결정하게 될 경우 근거리에 위치한 학교에 대한 정보를 파악하는 것이 중요합니다. 이러한 학교 정보를 토대로 학교 내 장애 학생의 통합교육에 대한 전체 교사들과 관리자의 이해도를 파악하는 것이 중요합니다. 통합 정도를 결정할 경우, 내 아이의 장애 특성 및 상태에 준하여 일반학급, 특수학급, 특수학교 등 어느 곳에 배치를 해야 하는지에 대해 현재의 특수교사를 포함한 전문가와 상담을 해 보는 것이 좋습니다.

최근에는 대안학교가 일반학교와 특수학교 선택에 있어서 다른 선택방안으로 여겨지는 경향이 있습니다. 대안학교는 설립 취지가 학교별로 다양하며, 학교 입학 절차도 충분한 학부모 면담을 통해 학교의 교육철학이나 교육과정 운영에 동의하고 협력할 준비가 되어 있는지를 검토하는 과정을 가지는 경우가 많습니다. 또한 학력인증이 되지 않은 곳이 많기 때문에 상급학교를 진학해야 할 경우 검정고시로 졸업인증을 받아야 할 수 있습니다. 여러 가지 대안학교가

지니는 장점과 단점을 고려하여 결정하여야 할 것입니다. 자폐 스펙트럼 장애 학생을 포함한 특수교육대상 학생을 지원하기 위해 준비된 학교가 아니므로 학교가 장애 학생을 위해 어떤 교육과정과 교수방법을 사용할 수 있을지에 대해서도 고려하여야 할 사항이기도 합니다. 몇몇 대안학교에는 특수교사가 배치되기도 하고, 특수학교 형태의 대안학교도 있으므로 교육과정이나 교육방침상의 차이를 고려하여 대안학교를 선택할 때는 특수교육 지원을 받을 수 있는 학교를 알아보는 것도 방법이라 할 수 있습니다.

초등학교 입학 연령과 관련해서 부모님들은 한두 살 늦게 입학하게 하는 유예여부를 고민하곤 합니다. 초등학교 입학 역시 발달연령에 맞추기 위해 유치원이나 어린이집의 입급연령을 낮추는 것과 마찬가지로 효과보다는 의미가 없거나 부정적 결과를 나타내는 경우가 많으므로 학교현장의 교육 전문가들은 취학 연령에 입학할 것을 권하고 있습니다.

(3) 특수교육지원대상자 판정에 따른 배치 및 절차

장애 아동의 취학은 교육청의 특수교육지원센터(support.knise.kr)에서 특수교육지원대상자로 배치를 받은 후 이루어집니다. 특수교육대상자는 특수교육을 받을 권리가 있는 아동을 말하며, 특수교육이 필요한 아동은 특수교육지원센터의 진단 및 평가 후 결정됩니다.

「장애인 등에 대한 특수교육법」에서는 아동의 입학은 장애 정도와 능력, 보호자 의견 등을 종합적으로 판단하여 거주지와 가장 가까운 곳에 배치하는 것과 함께 통합교육을 강조하고 있습니다. 통합교육은 장애 아동과 비장애 아동을 구분하지 않고 교육한다는 의미로 장애인을 차별하지 않으며, 일반적 환경에서 교육 혜택을 받도록 하는 데 목적을 둡니다. 따라서 일반적인 경우처럼 집에서 가까운 초등학교를 일차적으로 선정하는 것이 적절합니다.

(4) 학교에 입학하기 전 준비

발달의 점검

자폐 스펙트럼 장애 아동의 특성 중 언어 및 사회성 결함, 행동 조절의 어려움, 일과에 대한 집착 등은 지적장애로 인한 어려움이 가중되기 때문에 학교 내에서 일반적인 생활이나 학업에 있어 더 낮은 수행 수준을 보이기도 합니다. 즉, 지적장애를 함께 가지고 있는 자폐 스펙트럼 장애 아동의 자폐 장애 본연의 결함과 지적 기능의 어려움이 결합되어 학교에서의 성취도가 다양하게 나타나게 되는 것입니다. 지적 기능이 평균 이상의 능력을 가지고 있더라도 자폐 장애의 특성이 그대로 남아 있기 때문에 학교생활에 있어서는 조직사회에 적응하는 것과 같은 일에 어려움이 있을 수 있습니다. 그러므로 전반적으로 자폐 스펙트럼 장애 아동의 현행 수준 및 발달능력을 객관적이고 명확하게 파악하는 것이 필요합니다. 지능검사와 같은 공식적인 검사결과를 통해 자폐 스펙트럼 장애 아동에 대한 정보를 파악한 후, 학령기 특수교사와 공유하도록 하여 학교생활에 있어 교육적 지원을 할 수 있도록 해야 합니다. 그러므로 효과적인 교육적 지원을 할 수 있도록 지능 검사를 통해 발달 정도를 파악하는 것이 중요합니다.

학교 입학 전에 준비할 것

우선적으로 학생 스스로 기본생활습관을 기를 수 있도록 해 줍니다. 자폐 스펙트럼 장애 학생이 독립적인 삶을 영위해 나가기 위한 중요한 과제의 일환으로 학교 내에서의 기본생활습관을 길들이는 것이 중요하다고 볼 수 있습니다. 영유아기 때부터 아이들이 할 수 있는 영역의 수행 정도의 한계를 정하고 기본적인 생활의 어려움을 해결해 주기보다는 늦더라도 스스로 자기 주변을 정리정돈하거나 화장실 이용하기, 음식을 골고루 먹기, 신발 신고 벗기, 옷 바르게 입기 등과 같은 기본생활습관 등을 바르게 기를 수 있도록 해야 합니다. 다음으로, 장애 학생에 대한 구체적인 정보를 기록합니다. 자폐 스펙트럼 장애 학생의 특이체질이나 질병, 장애 특성에 대해 자세히 기록한 후, 담임교사가 장애 학생을 보다 빠르게 파악하여 주변 환경을 만들어 줄 수 있도록 도움을 주는 것이 좋습니다. 예를 들어, 어떤 상황에 고집을 부리는지, 주로 떼를 쓸 때는 어떻게 대처하면 좋을지, 교육을 통해 어떤 변화를 얻고자 하는지 등에 대해 입학 전에 자세하게 기록해 두고 담임교사에게 정보를 제공하도록 합니다. 이는 자폐 스펙트럼 장애 아동이 학기 초부터 빠르게 학교에 적응하는 데 도움을 줄 수 있습니다. 마지막으로 같은 학교로 진학하는 동네 친구들과 자연스럽게 어울릴 수 있는 환경을 제공하도록 합니다. 초등학교에 입학하면 모두가 낯선 환경이기 때문에 같은 동네에 살고 있는 친구와 어울리는 것이 장애 학생들에게 친숙한 환경을 제공하여 학교 적응에 긍정적인 영향을 줄 수 있습니다. 또한 부모의 경우 내 아이를 통해 얻기 힘든 전반적인 학교 행사에 대한 정보나 내 자녀의 학교생활에 대한 이야기를 동네 친구로부터 제공받을 수도 있습니다. 이와 같이 동네 친구를 사귈 수 있는 환경을 제공해 주기 위해서는 학령 전기부터 또래 친구들과 자주 어울릴 수 있는 기회를 만들어 주는 것이 좋습니다. 이때 부모가 우선적으로 지역사회에 융화가 잘 되어 생활할 수 있도록 노력해야 합니다.

(5) 학령기 동안의 지원

초등학교를 입학하기 전에 여러 가지 기술들을 미리 연습시키고 학교환경 적응을 위한 노력을 다방면으로 하였다 하더라도 학교 적응이 쉬운 것은 아닙니다. 학령기 동안에는 자녀의 학교 적응과 관련해서 의논할 수 있는 대상이 필요하기도 하고, 학교 적응에 어려움을 보이는 행동문제를 보일 때 어떤 도움을 누구에게 받아야 하는지 궁금하기도 합니다.

특수학교의 경우 담임교사가 자녀의 발달 특성을 알고 있기 때문에 담임선생님과 의논하여 해결안을 마련할 수 있으며, 일반학교의 경우에는 학교 내 특수교사 혹은 상담교사와 의논할 수 있습니다.

대체로 학교에서의 적응과 관련된 문제는 행동으로 표출되는 경우가 많아서 일반학교는 교육부에서 학교차원의 긍정적 행동지원을 실행할 수 있도록 지침서 등을 마련하고 있으나, 보편적 차원의 긍정적 행동지원을 실행함에도 지속적으로 문제행동을 보이는 학생을 교육하기 위해 대상자 선정 후 지원을 할 수 있도록 교육부 산하의 긍정적 행동지원팀이 마련되어 있습니다. 대상 학생이 선정되면 담임교사와 학부모 상담 후 자문단 협의가 이루어지고, 행동에 대한 기능평가 및 지원방향 도출 후 대상 학생 지원 요구에 따른 개별 지원 서비스가 이루어지게 됩니다.

이때 약물치료가 필요한 경우도 있습니다. 주의력, 감정조절, 행동 문제와 같은 어려움은 약물치료가 병행되어서 지원을 받을 때 최상의 결과를 얻을 수 있으므로 약물치료를 통합적인 지원방향 중 하나로 바라보는 시각이 필요합니다.

3. 사회성 및 의사소통 기술을 강조한 프로그램

1) 사회성 및 의사소통 기술 지원

자폐 스펙트럼 장애 유아 및 아동을 위한 치료 및 교육 프로그램은 핵심적인 어려움을 지원하기 위하여 사회성 및 의사소통 기술이 강조되어야 합니다. 장애 유아가 교육기관 혹은 보육기관에서 통합교육을 받게 되든 분리교육 형태로 병원이나 센터에서 교육을 받고 있든, 지원되는 프로그램의 내용에는 자폐 스펙트럼 장애의 주된 어려움을 지원하는 사회성 및 의사소통 기술을 향상시키기 위한 요소들이 강조되어 있어야 합니다.

사례 3

A유치원에 출석하는 현우는 자폐 스펙트럼 장애로 진단받은 6세 유

아다. 현우를 위해 특수교사인 김 선생님은 현우의 발달 점검을 통해 발달영역별 강점과 약점을 파악했다. 현우는 사회성 기술이 부족한 데 비해서 대근육 발달에는 지연이 없고, 문자와 숫자는 가르치지 않았어도 깨우쳤다는 사실을 알았다. 김 선생님은 현우의 일과를 관찰한 결과, 자유선택활동시간에 친구들과의 상호작용에 가장 많은 어려움을 보이므로 집중적인 지원이 필요하다고 판단하고 놀이시간 동안의 중재를 계획하였다. 현우가 좋아하는 블록놀이 공간에서 현우와 소통하고 놀이할 수 있는 친구들에게 현우의 언어 특성을 설명하고 함께 놀이하는 방법을 시범을 보이면서 가르쳐 주었다. 특히 김 선생님은 현우의 특별한 관심을 활용하기 위해 친구들이 블록으로 건물을 만들 때 현우가 좋아하는 엘리베이터 만들기를 하도록 역할을 줄 때 친구들과 함께 즐거워하면서 상호작용이 많이 일어나는 것을 관찰하게 되었다.

2) 관련 서비스

일반적으로 자폐 스펙트럼 장애 유아 및 아동이 받게 되는 서비스에는 다음과 같은 것들이 있습니다. 대체로 이러한 치료 서비스를 모두 받아야 하는 것은 아니며, 대상에 따라 효과는 다를 수 있습니다. 특히 다른 장애 특성을 지닌 대상자에게 효과가 검증된 치료방법이라 할지라도 자폐 스펙트럼 장애 유아에게 효과적인지 여부에 대해서는 충분히 검증된 지원 방법이 안정된 선택이라 하겠습니다.

- 언어치료
- 감각통합치료
- 특수체육
- 놀이치료
- 음악/미술치료 등

공교육에서도 역시 관련서비스라는 용어로 여러 가지 지원을 명시하고 있습니다. 「장애인 등에 대한 특수교육법」에서는 "특수교육 관련서비스는 특수교육대상자의 교육을 효율적으로 실시하기 위하여 필요한 인적, 물적 자원을 제공하는 서비스로서 상담지원, 가족지원, 치료지원, 보조인력지원, 보조공학기기지원, 학습보조기기지원, 통합지원 및 정보접근지원 등을 말한다."라고 명시하고 있습니다. 특수교육 관련서비스는 자폐 스펙트럼 장애 아동을 위한 교수목표가 수립되면 이를 성취하기 위해 특수교육 관련서비스를 제공하며, 이는 개별 아동을 위해 특별히 고안된 형태로 제공됩니다. 따라서 자폐 스펙트럼 장애 아동에게 제공되는 관련서비스는 개별 특성에 따라 특정 치료 영역이 제공될 수도 있고 아닐 수도 있습니다.

관련서비스를 선택하고 제공함에 있어서 중요한 것 중 첫 번째가 자폐 스펙트럼 장애 유아 및 아동에 대한 효과가 검증된 서비스를 선택하는 것이라면, 두 번째는 자폐 스펙트럼 장애의 어려움인 사회성과 의사소통 기술 지원을 위한 노력이 포함되어 있는 지원이어야 한다는 것입니다. 최근 관련서비스를 지원하는 형태가 개별 지원에서 집단 지원 형태로 제공되기도 하는 것은 또래 간 상호작용 기회를 증진시키면서 상호작용 활동 중에 필요한 기술을 삽입해서 교수하려는 서비스 제공 전문가의 의도가 반영된 것이라 해석할 수 있습니다.

Q&A

Q) 제 아이는 어린이집을 다니고 있는 4세 유아입니다. 현재 저희 장애통합 어린이집에서는 아직 언어치료 서비스를 제공하고 있지는 않아서 별도의 언어치료를 받고 싶습니다. 그리고 놀이치료와 특수체육도 해야 하는 것은 아닌지… 너무 많은 치료들에 대해 엄마들이 소개하기도 하고 인터넷에도 나와 있어서 혼란스럽습니다.

A) 여러 가지 치료들이 많이 있긴 합니다만 모든 치료 서비스를 받아야만 발달이 되는 것은 아닙니다. 우선 지원 서비스를 결정할 때 자녀의 언어, 인지, 사회성, 일상생활기술, 운동능력과 같은 주요 발달영역에서 지연되어 있는 영역을 주목하시고, 통합교육기관이나 분리교육기관에서 조기교육을 받게 하는 것이 좋을 것 같습니다. 특별히 발달의 불균형으로 보다 집중적인 지원이 필요하다고 생각되는 발달영역을 위한 치료나 교육은 자녀를 평가하거나 진단한 전문가와 의논하여 결정하면 되겠습니다.

4. 자폐 스펙트럼 장애 아동의 지원 서비스

1) 사회서비스 전자바우처와 복지카드

사회서비스 전자바우처는 발달재활서비스를 장애 아동에게 제공합니다. 장애 아동의 인지, 의사소통, 적응행동, 감각, 운동 등의 기능 향상과 행동발달을 위하여 적절한 발달재활서비스를 지원합니다. 서비스 대상은 만 18세 미만의 장애 아동입니다. 장애 아동 가족지원서비스의 경우 발달재활서비스, 언어발달 지원, 발달장애인 부모심리 상담서비스를 제공합니다.

〈표 3-7〉 **장애 아동 바우처 기관 및 기능**

구분	기능	비고
장애아동바우처기관(복지관, 대학, 사설기관 등)	1. 인지치료 2. 언어 및 의사소통치료 3. 감각치료 4. 미술치료 등	치료 시 본인부담금이 있으며 수급권자는 본인부담금이 면제됨

참고
* 보건복지부 사회서비스바우처(www.broso.or.kr)
* 한국사회서비스관리원(www.socialservice. or.kr)
* 각 시도별로 보건복지부 사회서비스 외에 지역특성에 맞게 추가적으로 사회서비스를 실시

복지카드는 「장애인복지법」에 의한 등록 장애인에게 발급되는 카드입니다. 장애인 등록 신청 등으로 복지카드 교부를 희망하는 경우 주소지 주민센터에 장애등록신청서에 의거하여 신청할 수 있습니다.

Tip

장애 등록 절차

① 등록 신청

장애인 등록을 하고자 하는 사람은 주소지 관할 주민센터에 신분증과 사진 3매를 지참하여 장애등록신청서에 의하여 신청합니다. (장애인 등록은 본인이 하는 것을 정식으로 하되, 다만 18세 미만의 아동, 중증 장애인 등 본인이 등록 신청을 하기 어려운 경우 보호자가 신청을 대행할 수 있습니다. 단, 보호자가 대행하여 신청할 경우 보호자는 담당공무원이 장애인 등록 신청자의 장애상태를 확인할 수 있도록 병입원 내역을 제시하여야 합니다.)

② 장애진단의뢰서 발급 및 장애진단

읍 · 면 · 주민센터에서는 장애진단의뢰서를 발급하여 신청자에게 교부하고, 신청자는 의료기관의 전문의사로부터 장애진단 및 검사를 통해 장애진단서를 발급받아 주소지 관할 읍 · 면 · 주민센터에 제출하여 장애인 등록을 합니다.

③ 장애진단 결과에 대한 확인 후 장애인등록증의 발급

검진 의료기관에 장애진단 결과를 확인한 후 장애인등록증을 발급받습니다.

④ 장애진단비용

본인부담이 원칙이나 기초생활수급대상자로서 신규 등록 장애인인 경우 장애진단비용을 지원기준비용에서 지원받으실 수 있습니다(장애인 본인 부담금은 의료보호나 보험으로 처리되지 않습니다.).

자폐성 장애의 판정기준과 절차는 다음과 같습니다.

〈표 3-8〉 **자폐성 장애 판정기준**

장애진단기관 및 전문의	의료기관의 정신과(소아정신과) 전문의
진료기록 등의 확인	장애진단을 하는 전문의는 원인 질환 등에 대한 충분한 치료 후에도 장애가 고착되었음을 진단서, 소견서, 진료기록 등으로 확인하여야 합니다(필요시 환자에게 타병원 진료기록 등을 제출하게 하도록 합니다).
장애진단 및 재판정 시기	• 전반적 발달장애(자폐증)가 확실해진 시점(최소 만 2세 이상)에서 장애를 진단합니다. • 수술 또는 치료로 기능이 회복될 수 있다고 판단하는 경우에는 장애진단을 처치 후로 유보하여야 합니다. 다만, 1년 이내에 국내 여건 또는 장애인의 건강상태 등으로 인하여 수술 등을 하지 못하는 경우는 예외로 하되 필요한 시기를 지정하여 재판정을 받도록 하여야 합니다. • 소아청소년은 만 6세 미만에서 장애판정을 받은 경우 만 6세 이상~만 12세 미만에서 재판정을 실시하여야 합니다. 단, 만 6세 이상~만 12세 미만 기간에 최초 장애판정 또는 재판정을 받은 경우 향후 장애상태의 변화가 예상되는 경우에는 만 12세 이상~만 18세 미만 사이에 재판정을 받아야 합니다. • 향후 장애정도의 변화가 예상되는 경우에는 반드시 재판정을 받도록 하여야 하며, 이 경우 재판정의 시기는 최초의 진단일로부터 2년 이상 경과한 후로 합니다. 2년 이내에 장애상태의 변화가 예상될 때에는 장애의 진단을 유보하여야 합니다. • 재판정이 필요한 경우에 장애진단을 하는 전문의는 장애진단서에 그 시기와 필요성을 구체적으로 명시하여야 합니다.

〈표 3-9〉 **자폐성 장애 진단 절차**

자폐성 장애의 진단명에 대한 확인	• 우리나라에서 공식적인 자폐성 장애의 분류체계로 사용하고 있는 국제질병분류표 ICD-10(International Classification of Diseases, 10th Version)의 진단지침에 따른다. • ICD-10의 진단명이 F84 전반적 발달장애(자폐증)인 경우에 자폐성 장애 등급판정을 한다.
자폐성 장애의 상태 확인	진단된 자폐성 장애의 상태가 자폐성 장애 등급판정기준에 따라 어느 등급에 적절한지를 임상적 진단평가과정을 통하여 판단한 뒤 등급을 정하며, 자폐증상의 심각도는 전문의의 판단에 따른다. 또한 K-CARS 또는 여러 자폐성 척도를 이용하여 판단할 수 있다. 이 경우 사용한 척도와 그 점수 및 판단 소견을 기술한다.
자폐성 장애로 인한 정신적 능력장애 상태의 확인	자폐성 장애에 대한 임상적 진단평가와 보호자 및 주위 사람의 정보와 일상환경에서의 적응상태 등을 감안하여 등급판정을 내린다.
자폐성 장애 등급의 종합적인 진단	자폐성 장애의 상태와 GAS 평가를 종합하여 최종 장애등급 진단을 내린다.

2) 발달재활서비스

발달재활서비스란 정신적 · 감각적 장애 아동의 인지, 의사소통, 적응행동, 감각 및 운동 등의 기능 향상과 행동 발달을 위한 적절한 발달재활서비스를 지원하는 것을 말합니다. 만 18세 미만 장애아동 가구의 소득이 전국가구 평균소득의 150% 이하이면 지원대상이 됩니다. 언어, 청능, 미술, 음악, 행동, 놀이, 심리운동 · 재활심리, 감각 · 운동 등 발달재활서비스를 제공하며, 장애 조기발견 및 발달진단서비스 중재를 위한 부모 상담 서비스 등을 부모에게 지원합니다(단, 물리치료, 작업치료 등 의료기관에서 행해지는 의료지원은 지원 불가합니다). 지원금액은 총 22만 원이며, 월 8회 혹은 주 2회 실시 시 치료 회당 27,500원으로 지원됩니다. 서비스 지원금액 관련 사항은 중앙장애 아동 · 발달장애인지원센터(www.broso.or.kr), 사회서비스전자바우처(www.docialservice.or.kr)에서 자세한 사항을 확인할 수 있습니다. 지원서비스 신청방법은 관할 읍 · 면 · 주민센터에서 매월 1일부터 21일까지 가능하며, 발급신청 시 서비스 신청서, 신분증과 소득 증명 자료, 영유아(만 6세 미만)의 경우 최근 6개월 이내의 의사진단서와 검사자료, 바우처 카드 발급 및 개인정보 제공 · 이용 동의서를 제출하면 됩니다.

3) 자폐 스펙트럼 장애 관련 정책 및 지원 관련 실질적인 최신 정보

자폐 스펙트럼 장애 아동에 대한 정책 변화 혹은 지원 관련 정보는 정부기관 및 한국자폐인사랑협회와 같은 단체를 통해 알 수 있습니다. 다양한 정보를 통해 자폐 스펙트럼 장애 아동 교육에 도움을 받는 것이 유익할 수 있지만 정확하고 바른 정보를 선별하여 받아들이는 것이 중요합니다. 정보를 제공받을 수 있는 기관은 다음과 같습니다.

⟨표 3-10⟩ **정보 제공 및 지원 기관**

연번	구분	기관명	기관 소개	홈페이지 주소	전화번호
1	보건복지	보건복지부	• 복지 관련 정책, 서비스 소개 및 안내 • 장애 등록 절차 안내	mohw.go.kr	보건복지콜센터 129
2	교육	교육부	• 교육 관련 주요 정책 소개 • 자녀교육 및 학교소개 정보 제공	moe.go.kr	02) 6222-6060
3	복지	사회서비스 전자바우처	• 바우처 사업안내 및 지역별 제공기관 검색 • 장애 아동 재활치료, 장애인활동보조 서비스 소개	socialservice.or.kr	1566-0133
4	복지	건강가정지원센터	• 가족문제예방 및 해결 프로그램 안내 • 아이돌보미사업 안내 • 장애아동양육지원사업 안내	familynet.or.kr	1577-9337
5	의료	지역별 정신건강 증진센터	• 정신건강 및 장애 관련 정보 제공 • 온라인 검사시스템 운영		
6	보육	중앙육아종합지원센터	• 보육정보 및 교육프로그램 안내 • 전국의 보육정보센터 및 보육시설 검색 가능	central.childcare.go.kr	02) 701-0431
7	특수교육	특수교육지원센터	• 장애 학생 교육정보 제공 • 특수교육지원센터 연계 • 전국 장애인복지관, 영유아 검진기관 검색	support.knise.kr	

8	특수 교육	국립특수 교육원	• 특수교육기관 교육 및 관련기관 검색 • 장애 이해 및 법률	knise.kr	041) 537- 1500 031) 400- 8300

9	웹
	정보망
		아이소리	• 부모, 치료, 법률 및
			  장애 정보 제공
			• 온라인 검사 및 상담실
			  운영
				isori.net	070)
					8630-
					9623

10	자조 모임	기쁨터	• 발달장애인 가족 자조 모임	joyplace.org	
11	자조 모임	발달장애 정보나눔터	• 발달장애인 가족 자조 모임	cafe.daum. net/jape1234	

12	사단
	법인
		한국자폐인
		사랑협회
			• 자폐성 장애 관련 정
			  보 및 프로그램
			• 전문가지원 온라인 상
			  담실 운영
				autismkorea.
				kr
					02) 445-
					5444,
					5447

13	사단 법인	한국장애인 복지관협회	• 지역사회 복지관 현황 및 복지 정보 제공	hinet.or.kr	02) 3481- 1291~4
14	사단 법인	한국아동 발달심리 센터	• 발달 관련 정보 제공 • 각종 치료 관련 정보 수록	kidsbaldal. co.kr	02) 3143- 7769

참고문헌

교육과학기술부(2014). 2014 특수교육연차보고서. 서울: 교육과학기술부.

국립특수교육원(2009). 2009 특수교육용어사전. 경기: 국립특수교육원.

보건복지부(2014). 2014 보육통계. 서울: 보건복지부.

이소현(2003). 유아특수교육. 서울: 학지사.

이소현(2011a). 개별화 교육과정. 서울: 학지사.

이소현(2011b). 특수아동교육. 서울: 학지사.

제4장

의학적 문제를 동반한 아동의
부모 교육

1. 진단적 보조도구로서의 의학적 평가

1) 의학적 평가는 어떤 것이 있으며 왜 필요한가요?

자폐 스펙트럼 장애(Autism Spectrum disorder, 이하 ASD)의 의학적 평가에는 주의 깊은 신체적 · 신경학적 진찰과 선택적 실험실 검사 및 의학적 검사가 포함됩니다. 항목들을 살펴보면, 머리 둘레 및 변화 양상, 얼굴, 사지, 신장 등의 특이한 형태, 우드등(wood's lamp) 등을 통한 신경학적 피부이상, 걸음걸이, 근육긴장상태, 반사반응, 뇌신경 기능 등을 모두 포함합니다. 부모들이 초기에 많이 의심을 하는 청력기능에 대한 검사도 시행해야 합니다. 부모의 주관적인 보고 또는 행동평가, 관찰만으로는 이를 평가하는 것이 부정확합니다. 따라서 정밀검사를 위해서는 뇌간유발전위 청력검사가 필요할 수도 있습니다.

2) 유전자 검사는 꼭 필요한가요?

지적장애의 가족력이 있거나 특이한 신체적 소견이 보일 때는 취약 X 증후군에 대한 검사를 포함한 유전자 관련 평가가 필요합니다. 특이한 얼굴과 같이 유전학적 이상이 의심될 때는 이에 대한 철저한 평가가 필수입니다. 경련 증상을 가진 ASD 아동의 8~14%가 결절성 경화증이라는 질환을 가지고 있습니다. 유전질환에 관한 자세한 설명은 뒤에 추가되어 있습니다. 그 외 아미노산, 탄수화물, 퓨린, 펩타이드, 사립체 대사의 선천성 대사이상검사 등은 모든 아동에게 필요한 것은 아니고, 의심이 되는 경우에 시행하면 좋습니다.

3) 뇌파검사는 꼭 필요한가요?

ASD 아동에 대해 뇌파검사(electroencephalography)를 해야 하는지에 대한 확실한 결론은 아직 없습니다. 보호자들이 흔히 알고 있는 뇌전증(이전에는 간질로 알려졌지만 사회적 낙인과 편견으로 인해 뇌전증이라는 용어로 변경)은 과거 '대발작'으로 불렸던 전신 발작입니다. 증상은 두 시기로 나뉘는데, 첫 번째는 강직성 시기(tonic phase)로 환자가 의식을 잃고 쓰러지며 전신이 뻣뻣해집니다. 곧 이어서 간대성 시기(clonic phase)가 뒤따라오는데 팔과 다리를 씰룩씰룩거리면서 경축을 하는 양상입니다. 발작이 끝나면 한동안 잠을 자거나 혼수상태에 빠져 있다가 서서히 의식을 회복하게 됩니다. 하지만 발작이 시작할 때 보지 않으면 부분 발작과 전신 발작의 구분은 어렵습니다. 영아와 소아에서는 신경계가 완전히 발달되지 않아 성인에서와 같은 뚜렷한 임상적 양상이 관찰되지 않는 경우가 많이 있으므로 진단이 더욱 어렵습니다. 하지만 중요한 것은 한곳을 주시하는 경련(staring spells)을 비롯한 임상적 경련 혹은 발생하기는 했지만 뚜렷하지 않은 역치하 경련의 과거력이 있거나 발달상의 퇴행이 있는 경우에는 반드시 뇌파검사와 신경과적 자문이 필요합니다. 추가로 많은 ASD 아동이 영유아기에는 큰 문제를 보이지 않다가 청소년

[그림 4-1] 영유아 및 소아에서의 뇌파검사

기에 들어서야 임상적으로 명확한 경련을 일으킨다는 사실로 미루어 볼 때, 이전 뇌파검사 결과가 정상이었더라도 반복측정이 필요할 수도 있습니다. 반면, 뇌 자기공명영상(MRI)이나 유발전위검사는 모든 ASD 아동에서 반드시 해야 하는 검사로 추천되지는 않으며, 경련성 질환이나 다른 신경학적 이상이 의심되는 경우에 시행을 권유합니다([그림 4-2] 참조).

4) 피검사 같은 방법으로 자폐를 진단할 수는 없나요?

안타깝지만 아직까지 ASD를 진단할 수 있는 의학적·생물학적 기준을 찾지는 못했습니다. 유전자로 ASD를 진단하는 검사가 계속 연구되어 오고 있으나 아직 실용화단계에 이르지는 못했고, 실제 임상에 적용되기 위해서는 추가적으로 많은 연구가 필요합니다. 그 외 머리카락 분석, 글루텐(gluten)과 카세인(casein) 등의 음식 알레르기, 칸디다, 곰팡이 등에 대한 알레르기 검사, 비타민과 같은 영양소

검사, 장투과성 검사, 대변검사, 소변 펩타이드, 갑상선 기능검사, 적혈구 글루타티온 과산화효소 검사 등이 연구되었지만, 임상적으로 필요한지 여부는 아직 확립되지 않았으므로 무조건적으로 모든 검사를 받는 것은 비용 소모적인 일이 될 수 있습니다.

2. 자폐 스펙트럼 장애 아동에서의 뇌전증

1) 정말 자폐 아동에서 뇌전증이 많이 발생하나요?

자폐 아동에서 뇌전증(epilepsy)의 발병률은 연구에 따라 다르지만, 많으면 약 39%로 보고되는 굉장히 흔한 증상입니다. 일부 ASD 아동에서는 영유아기에 경련발작(seizure)이 일어나지만, 대부분의 경우 학령기 이후 발생하며, 40~50%에서는 10세 이후에 발병하는 것으로 알려져 있습니다. 단순히 뇌전증 발작만 있는 것이 아닙니다. 뇌전증을 동반한 ASD에서 인지기능이 더 낮고 언어기능도 더 좋지 않은 것으로 보고되어, 적극적인 관리와 치료가 필요합니다(Bolton et al., 2011). 그렇다면 뇌전증이 발생할 경우 이에 대한 적절한 약물치료를 해야 하는 것이 당연하지만, 여기서 조심해야 할 부분이 있습니다. 자폐 아동이 학령기를 지나가면서 공격적 · 충동적 문제행동이 악화될 수 있는데, 이때 증상 조절을 위해 사용하는 약물이 경련의 역치를 낮추어 뇌전증을 더 빈번하게 발생하게 할 수 있습니다. 따라서 청소년기 이후 약물치료를 받을 때는 경련 발생 가능성에 대한 각별한 주의가 필요하며, 보호자 역시 약물복용에 더욱 주의를 기울여야 합니다. 뇌전증은 자폐 아동에서 가장 중요한 의학적 문제이므로 조금 더 자세히 알아보도록 하겠습니다.

2) 아이의 어떤 모습을 보고 뇌전증을 의심해야 하나요?

실제로 뇌전증을 진단하는 것은 병원의 의사만이 할 수 있습니다. 하지만 병원에 되도록 일찍 가기 위해서는 주변 사람들, 특히 부모가 먼저 의심을 하는 것이 필요합니다. 많은 사람들은 아동이 보이는 미묘한 신호를 놓치고, 조기진단과 조기치료의 기회를 잃게 됩니다. 반드시 뇌전증을 의미하는 것은 아니지만 의심해야 하는 모습들을 다음에 열거해 놓았습니다. 이 중 1개 이상이 자녀에게 나타난다면 전문가를 방문하여 정밀검사를 해야 합니다.

- 기억이 사라지거나 혼란스러워하는 일정 기간이 있는 경우
- 가끔 극심한 피로를 호소하고 이어서 기절하기도 하며, 소변 혹은 대변을 가리지 못하는 경우
- 아동이 한곳만을 응시하면서 질문이나 지시에 아무 반응이 없는 경우
- 특별한 원인 없이 갑자기 기절하는 경우
- 부적절하게 눈을 깜빡거리거나 반복적으로 껌을 씹는 듯한 행동을 보이는 경우
- 고열과는 상관없이 발생한 발작이 있는 경우

3) 아이가 발작을 하면 반드시 응급실로 가야 하나요?

특별한 합병증이 없는 뇌전증 발작(epileptic seizure)은 의학적으로 응급상황은 아닙니다. 대개 몇 분이 지나면 저절로 멈추고, 신체에 특별한 이상증상이 남아 있지 않게 됩니다. 대부분의 아동은 발작이 끝난 뒤 몇 분간의 휴식시간을 가진다면 이후 정상적인 활동을할 수 있습니다. 간혹 일정 시간 동안 주위의 도움이 필요하기도 하지만 집에 있다면 별다른 도움이 필요하지 않습니다. 그러나 주의해야 할 점은 아이의 발작 증상이 뇌전증이 아닌 다른 의학적 상태에 의한 발작일 수도 있다는 점입니다. 실제로 뇌전증과 같이 발작을 유발할 수 있는 의학적 상태는 다음과 같습니다. 만약 발작이 멈추지 않거나 다음과 같은 상태가 의심된다면 즉시 응급실을 방문해야 합니다.

발작을 유발할 수 있는 의학적 상태

- 당뇨로 인한 저혈당
- 특정 물질에 의한 중독
- 고열
- 두부 손상
- 열사병
- 뇌수막염과 같은 대뇌감염

4) 그래도 구급차를 불러야 하는지 망설여집니다. 기준이 있을까요?

구급차를 부르지 않아도 되는 경우

- 아동이 뇌전증의 병력을 확실히 가지고 있는 경우
- 발작이 5분 안에 종료된 경우
- 특별한 이상 없이 의식이 되돌아온 경우
- 두부 손상, 신체적 이상 소견이 보이지 않는 경우

구급차를 반드시 불러야 하는 경우

- 물속에서 발작이 발생한 경우
- 아동에게서 뇌전증의 병력을 확인하기 어려운 경우
- 두부 손상이나 당뇨 등을 가지고 있는 경우
- 5분 이상 발작이 계속되는 경우
- 발작이 끝난 뒤에도 의식이 회복되지 않는 경우

---

5) 특별한 상황에서의 뇌전증, 주의할 점은 무엇인가요?

앞서 설명한 대로 뇌전증의 유형은 매우 다양하고 그에 따른 대처 방법에 차이가 있지만, 2차적으로 부상위험이 높고, 부모들이 가장

걱정스러워하는 강직간대 발작(generalized tonic-clonic seizure)에
초점을 맞춰서 설명하겠습니다.

(1) 물속에서의 뇌전증

아동이 물놀이를 하고 있는 중 뇌전증이 발생할 수도 있습니다.
그런 경우 즉시 머리를 기울여서 얼굴과 머리가 수면 위에 떠 있을
수 있도록 해야 합니다. 그렇게 머리는 수면 위에 있도록 유지한 상
태에서 가능한 빨리 물 밖으로 이동시켜야 합니다. 뭍에 도착한 후
에는 바로 신체적 상태를 검사하고 만약 숨을 쉬지 않는다면 인공호
흡을 바로 시작합니다. 발작 이후 아동이 완전히 회복된 것처럼 보
일지라도 물속에서의 발작은 주의 깊고 자세한 의학적 평가가 필요
합니다. 따라서 곧바로 응급실을 방문할 것을 권장합니다. 물을 흡인
한 경우 심장과 폐에 손상을 줄 수 있으며 이는 치명적인 결과를 야
기할 수 있습니다.

 Tip

소아 심폐소생술에 관한 내용

소아에서는 심장질환 자체에 의한 심정지는 매우 드물며, 호흡정지와
그에 수반된 저산소증이 심정지를 유발하게 되는 경우가 흔합니다. 따
라서 기도확보 및 적당한 환기만 잘 이뤄진다면 소생 가능성은 매우
커지게 됩니다. 원인은 성인과 다르지만 기본적인 절차는 성인의 심폐
소생술과 동일하게 시행합니다[의식 확인 및 119 신고 → 가슴 압박(30회)

→ 인공호흡(2회) → 가슴 압박과 인공호흡의 반복].

또 한 가지 성인과 다른 점은 소아 및 영유아의 경우는 압박 지점과 방법, 깊이가 다르다는 것입니다. 만약 성인과 동일하게 적용한다면 늑골 골절을 유발할 수도 있습니다. 연령에 따른 방법의 차이는 〈표 4-1〉로 설명하겠습니다. 그 외 주의할 점으로는 약하게 호흡이 돌아왔더라도 섣불리 중단하지 않기, 너무 빠른 속도로 압박하지 않기(원상태로 팽창하는 단계도 중요), 기도를 적절하게 개방시킨 상태에서 시행하기, 가슴 압박이 더욱 중요하므로 인공호흡을 위해 가슴 압박을 소홀히 하지 않기 등이 있습니다.

〈표 4-1〉 **소아 심폐소생술에서 가슴 압박 및 인공호흡의 횟수**

환자 연령	가슴 압박 강도	횟수	압박/호흡 비율(2인)	압박/호흡 비율(1인)
영아(1세 미만)	0.5~1.0인치	100회/분	5 : 1	5 : 1
소아(걸음마)	1.0~1.5인치	80회/분	5 : 1	5 : 1
소아(8세 미만)	1.5~2.0인치	80회/분	5 : 1	5 : 1
소아(8세 이상)	2.0인치	60회/분	5 : 1	15 : 2

(2) 비행기에서의 뇌전증

아동과 함께 비행 중에 뇌전증 발작이 발생한 경우, 부모는 굉장히 당황하게 됩니다. 특히 같은 비행기 내에 의사나 간호사 같이 의료인이 없는 경우 더욱 그렇습니다. 하지만 일단 당황하지 않는 것이 중요하며 다음과 같이 행동해야 합니다. 일단 비행기 좌석이 다 차 있지 않고 좌석 사이의 팔걸이를 올릴 수 있는 경우에는 아동이 누울 수 있도록 여러 개의 좌석 팔걸이를 올리고 침대처럼 만들어 놓습니다. 눕힐 때는 머리와 몸이 같은 방향을 바라볼 수 있게 해 줍니다. 아동이 의식을 회복한 뒤에는 각도를 조절할 수 있는 의자에 앉아 쉴 수 있도록 도와주고, 바로 이동하는 것은 중심을 잃고 넘어질 수 있으므로 삼가는 것이 좋습니다. 만약 빈자리가 없다면 앞서 말한 각도를 조절할 수 있는 의자에 앉히고 강직성 시기가 지나가는 것을 기다립니다. 이후 아동의 몸이 한쪽을 바라볼 수 있도록 천천히 돌려 줍니다. 또한 머리가 비행기의 단단한 부분에 부딪힐 수 있으므로 베개와 담요 등을 적절하게 배치해 두는 것이 필요합니다. 아동의 몸을 눕히는 자세와 각도에서 가장 중요한 사항은 기도를 유지하고 숨을 쉬는 데 불편함이 없도록 해 주는 것입니다.

(3) 버스에서의 뇌전증

아동이 학교를 다니는 경우, 등하교 시 버스를 이용할 때가 많이 있습니다. 버스는 비행기보다 조치를 취하기 더 수월합니다. 2개 혹은 3개의 의자를 이용하여 눕히는 것이 가능합니다. 그 이후에는 앞과 같은 단계를 단계적으로 수행하는 것이 필요합니다. 아동이 발작에서 완전히 회복되었고, 스스로 원하는 경우에는 원래 목적지까지 가는 것을 만류할 이유는 없습니다.

6) 어떤 게 뇌전증 발작인가요?: 발작의 유형에 관한 내용

의학적 전문지식을 가지고 있지 않은 부모들이 꽤 많은 발작의 양상 혹은 유형을 다 알 수는 없습니다. 하지만 대표적인 발작의 유형을 아는 것은 혹시 모르고 지나칠 수 있는 발작에 관한 정보를 수집할 수 있으므로 장기적으로 아동의 뇌전증 관리에 도움이 됩니다. 실제로 발작을 하면서도 스스로 알지 못하는 경우가 적지 않습니다. 발작은 다양하게 나타날 수 있고, 12명 중 1명은 평생 한 번의 발작을 경험할 정도로 굉장히 흔한 신경학적 증상입니다. 발작의 유형은 12가지 이상이고, 환아는 한 가지 종류의 발작만을 반복하지 않고 여러 종류의 발작을 보이기도 합니다. 발작의 유형은 해부학적으로 뇌의 어떤 부위가 얼마나 많은 범위까지 비정상적인 전기활동이 발생했는지에 따라 달라집니다. 〈표 4-2〉는 ASD 아동에서 발작이 발생했을 때 어떻게 증상을 확인하고 무엇을 할 것인지에 관한 내용입니다.

〈표 4-2〉 **발작의 유형과 증상, 그리고 응급처치에 관한 내용**

유형	발작 증상	발작 후 증상	응급처치
결신발작 (소발작)	• 우두커니 응시 • 의식 소멸 • 행동정지 • 떨리는 눈꺼풀 • 갑작스런 시작과 종료 • 보통 2~15초간 지속	• 발작을 기억 못함 • 신속히 활동 재개	• 환자가 놓쳤을 수도 있는 정보를 제공

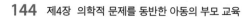

강직간대 발작 (대발작)	• 갑작스런 의식 소멸 • 쓰러짐 • 몸의 경직 • 몸 떨기 – 전신에 영향 • 약한 호흡, 침 흘림 • 창백하거나 푸른빛의 피부 • 보통 3분 이내에 종료	• 발작을 기억 못함 • 정신 혼란 • 두통 • 피로	• 머리부상 방지 • 주변 물건 치우기 • 움직임을 막지 않음 • 입 안의 이물질 제거 (질식 혹은 치아손상 우려) • 의식이 회복된 후 친근하게 안심시키기 • 발작이 5분 이상 지속되거나 부상이 있는 경우 구급차 요청
실조성 발작	• 갑작스런 의식 소멸 • 갑작스럽게 근육에 힘이 빠짐(머리를 떨구고 쓰러짐)	• 발작을 기억 못함 • 보통 1분 내 빠른 회복	• 부상이 걱정된다면 구급차 요청
근간대성 발작	• 기억의 소멸 없음 • 빠르고 짧은 근육 수축	• 신속히 활동 재개	• 안심시키기
단순 부분 발작	• 의식 소멸 없음 • 감각 증상 발생 • 심리적 증상 발생 • 근육 움직임의 변화 (경련-씰룩거림) • 보통 10초~2분간 지속	• 잠깐 감각이 약해지거나 사라짐 • 강직간대 발작이나 복합 부분 발작으로 진행 가능	• 안심시키면서 도움을 제공
복합 부분 발작	• 의식 장애 • 종종 우두커니 쳐다보기 • 손 비틀기, 입술 때리기, 의미 없는 말의 반복, 목적 없는 행동 • 어설픈 움직임, 방향감각 상실 • 보통 1~3분간 지속	• 발작을 기억 못함 • 정신 혼란 • 피로 • 강직간대 발작으로 진행 가능	• 환아를 안전한 곳으로 부드럽게 인도하기 • 의식 회복까지 지켜보기 • 행동을 강하게 막지 않기 • 가족, 친구 등에게 연락 • 의식이 완전히 회복되지 않으면 구급차를 요청

7) 뇌전증은 어떻게 치료하죠? 꼭 약을 먹어야 하나요?

뇌전증은 약을 먹고 며칠만에 완치가 되는 감기 같은 질병이 아닙니다. 하지만 적절히 치료를 받는다면 완벽하게 혹은 현저하게 질병을 조절할 수 있습니다. 이러한 조절은 매일 규칙적으로 복용하는 항경련제로 가능합니다. 이전부터 많이 사용해 온 고전적 항경련제로는 페니토인(딜란틴, 히단토인), 발프로산(오르필, 데파킨, 데파코트), 카바마제핀(테그레톨), 페노바비탈(루미날, 페노바비탈), 클로나제팜(리보트릴), 클로바잠(센틸) 등이 있습니다. 새로 개발된 항경련제는 1990년대 이후 개발 및 상용화된 약물로 기존의 항경련제와는 다른 성질을 갖는 것이 많고, 심각한 부작용이 적으며, 약물상호작용 측면에서도 우수한 점이 있어 처음에는 주로 추가 약물요법으로 많이 쓰였으나 점차 단일요법제로 많이 쓰이고 있습니다. 이에 해당되는 약물로는 토피라메이트(토파맥스), 라모트리진(라믹탈), 비가바트린(사브릴), 옥스카바제핀(트리렙탈), 레비티라세탐(케프라), 조니사마이드(엑세그란), 프레가바린(리리카), 가바펜틴(뉴론틴) 등이 있습니다. 적절한 항경련제를 선택하기 위해서는 뇌전증의 형태 외에도 환자의 나이, 공존질환, 다른 항경련제와의 약물상호작용, 복용 중인 다른 약물과의 약물상호작용 등의 요인을 잘 고려해야 합니다. 특히 모든 항경련제는 부작용이 있을 수 있으므로 이에 대한 예비지식을 숙지하고 있어야 하며, 부작용 또는 과민반응이 발생하면 바로 주치의에게 진료를 받아야 합니다. 만약 어떤 이유로 예정대로 항경련제를 복용하지 못했다면, 발작의 위험성은 높아지고, 다음과 같은 상황이 발생할 수 있습니다.

- 뇌전증 발작이 발생하면서 아동이 바닥에 쓰러질 수 있고, 이때 바닥에 머리를 부딪친다면 더 큰 의학적 문제가 발생할 수 있습니다.
- 뇌전증지속상태(status epilepticus)은 뇌전증 발작이 반복해서 이어지는 경우를 말합니다. 적절한 의학적 처치가 행해지지 않는다면 아동은 혼수상태까지 갈 수 있으며, 목숨이 위험할 수도 있습니다.
- 복합 부분 발작을 보이는 환아는 자동행동 중 하나로 자해나 다른 사람을 해치를 할 있을 수 있습니다. 이는 무의식 상태에서 발생하기 때문에 아동 본인과 주변 사람들을 보호하기 위해서는 일정 시간 동안 신체적 강박을 적용하는 것이 필요할 수 있습니다.

3. 자폐 스펙트럼 장애 아동에서 주목해야 하는 신체증상

1) 아이가 눈 맞춤을 하지 못하는 건 시력 때문 아닐까요?

선천적으로 앞을 보지 못하는 아이들이 자폐증상을 보이는 경우가 적지 않은 것으로 알려져 있습니다. 기존에 많은 표준화 작업을

거친 ASD 진단도구는 시력이 정상인 아동을 대상으로 눈 맞춤, 합
동 주시, 타인을 향한 얼굴 표정 등 시선의 방향성과 움직임을 토대
로 자폐 관련 행동을 평가하도록 구성되어 있습니다. 그러므로 시력
이 정상이 아닌 아이들은 이러한 평가기준을 적용하기 어렵습니다.
따라서 시력에 중대한 문제가 있거나 실명한 아이들은 ASD가 제대
로 진단되지 않을 가능성이 많으므로 각별한 주의가 필요하며, 안과
에서의 전문적인 검사와 진료가 필요합니다.

2) 이름을 불렀을 때 반응하지 못하는 것은 귀에 문제가 있기 때문인가요?

최근 연구들에 의하면 눈 맞춤의 이상, 이름을 부를 때 쳐다보기,
합동 주시, 가장 놀이, 모방, 비언어적 의사소통, 공감능력, 언어 발달
등은 18개월이 되면 측정이 가능한데, 이러한 기능을 획득하지 못하
는 것이 ASD 아동의 특성입니다. 그러므로 ASD를 조기발견하기 위
해서는 앞서 나온 항목들을 자세히 살펴보는 것이 중요합니다.

2003년 캘리포니아 주 세크라멘토에서 열린 자폐연구국제미팅
에서 ‘First Words Project’가 진행되었고, 당시 이름을 불렀을 때
반응이 없음, 즉 호명에 반응이 없는 것이 ASD 아동의 가장 특징적
인 항목이었으며, 이를 기반으로 감별하는 것이 가장 효율적인 것으
로 보고되었습니다. 자녀가 호명에 반응이 없는 경우 부모는 청력
을 가장 먼저 의심하게 됩니다. 청력장애와 ASD가 같이 있는 경우
는 1.6~7.9%로 생각보다 높은 빈도로 공존합니다(Rosenhall et al.,

1999). 청력에 문제가 있는 경우 ASD 진단이 매우 늦어지는 경향이 있다는 점이 임상적으로 의미가 있으며, 반대로 ASD 아동에서의 청력장애 역시 진단이 늦어지는 경우가 많아 이에 대한 세심한 평가가 필요합니다. 추가로, 감각기관의 장애를 가진 아동이나 인지기능의 심한 지체를 가진 아동에서도 ASD 아동과 같은 상동행동을 흔히 보이기 때문에 감별이 어려운 경우가 있습니다. 이때는 전반적인 인지기능에 비추어 사회적 상호작용과 의사소통의 양상이 어떠한지를 보고 감별하는 것이 도움이 될 수 있습니다.

3) 밤에 잠을 안 자고 가족들을 괴롭힙니다. 어떻게 해야 하나요?

ASD 아동에서 잠을 제대로 이루지 못하는 수면 문제는 약 50~80%에서 나타날 수 있습니다. 같은 나이와 성별의 정상 아동과의 비교에서도 더 흔하게 보고되고 있습니다. 수면 문제의 양상은 여러 가지가 있을 수 있습니다. 잠이 드는 것이 어려운 경우, 중간에 자주 깨는 경우, 새벽에 일찍 깨는 경우, 잠이 드는 것에 대한 걱정과 불안, 낮 동안에 있었던 일에 대한 집착 등으로 잠들지 못하는 경우가 있습니다. 질병으로는 REM(rapid eye movement) 수면 행동장애나 수면-각성 주기의 문제 등이 나타날 수 있다고 합니다. 이러한 수면 문제가 계속될 경우 낮 동안의 행동문제와 학습문제를 악화시킬 수 있으므로 적극적인 관리 및 치료가 필요합니다. 위와 같이 수면과 각성의 양이나 질에 이상이 있어 낮 시간 동안의 활동이 지장을 받는 상태를 정신과적으로는 수면각성장애라고 설명합니다. 이런 경우에 확인해야 하는 사항은 〈표 4-3〉과 같습니다. 그 외에도 수면 문제는 불안장애, 우울장애, 인지적인 변화와 함께 나타나는 경우가 많으므로 불안, 우울, 인지의 변화 등에도 함께 관심을 기울여야 합니다.

치료적으로는 약물치료보다는 행동 개입이 우선시되고 있습니다. 부모는 아동과 직접 상의하고 현실적인 치료목표를 설정합니다. 병원에서는 아동 수면과 관련된 부모교육을 실시하는데, ASD 아동의 나이와 상태에 적합한 수면 시간표를 알려 주고 적절한 수면환경 및 수면위생을 알려 주게 됩니다. 필요하면 부모와 함께 잠자리 일과를 구성할 수도 있습니다. 아동이 따라 하는 것이 가능하다면 부모와 함께하는 이완요법이 입면에 도움을 줄 수 있습니다. 원칙적으로 잠자리에는 텔레비전, 컴퓨터, 휴대전화 등 전자기기를 두지 않도록 합니다. 낮잠을 자는 아동이라면 규칙적인 낮잠을 자도록 유도하고, 오후 늦은 시간의 낮잠으로 인해 밤에 잠드는 것이 방해받지 않도록 하루 일과를 구성해야 합니다. 이와 같은 노력에도 불구하고 아동의 수면 문제로 인해 아동 및 가족의 기능에 심각한 악영향이 있을 경우 약물치료를 고려하게 됩니다. 이때 많이 사용하는 것이 항불안제와 삼환계 항우울제입니다. 약물을 임의로 중단할 경우에는 반동효과로 수면 문제가 더욱 악화될 수도 있으므로 전문의와의 상의가 필요합니다.

〈표 4-3〉 수면각성장애가 의심되는 경우에 확인해야 하는 사항

확인 사항	설명
자고 깨는 시간이 언제인지?	수면일기를 활용해서 정보를 수집
저녁 시간에 무엇을 하는지?	TV, 컴퓨터, 게임, 학원, 공부시간 등
잠자리 일과가 있는지?	양치하기, 세수하기, 잠옷 입기, 책 읽기 등
잠자리 들기가 힘든지?	꾸물거리기, 딴짓하기, 자지 않으려고 버티기, 잠을 무서워하기
수면은 적절한지?	잠자리에 들어서 잠들기까지의 시간, 잠에서 깨는 횟수, 다시 잠들 때까지의 시간
자는 동안의 이상 행동은 없었는지?	야경증, 자다 깨서 혼란스러워함, 호흡의 이상, 발작, 야뇨증
잠자리 환경은 적절한지?	온도, 소음, 안락한 정도
낮 시간 동안 이상은 없었는지?	일어나는 시간, 깨우기 어려움, 주간의 졸림(ASD 아동은 졸린다고 언어로 표현하기보다 과잉행동, 감정조절의 어려움으로 나타나는 경우가 많음)
낮잠은 언제, 얼마나 자는지?	수면일기를 활용
음식이나 약물의 영향은 없었는지?	식사의 양과 시간, 약물, 카페인 복용 여부를 확인
낮 동안의 기능은 적절한지?	학교에서의 수행, 가족에서의 기능
생활에서 중요한 변화가 있었는지?	동생 출생, 이사, 가족 구성원의 사망 등
가족 내 문제는 없었는지?	경제적 어려움, 부모의 불화 등

4) 아이가 한 가지 음식만 먹으려고 해요. 괜찮을까요?

ASD 아동에서 식사 습관의 문제가 흔하게 보고됩니다. 이는 생후 15개월 무렵부터 나타나고, 나이가 많아질수록 더 분명해지는 경향이 있습니다. 식사 습관의 문제 중 가장 흔한 것은 특정 음식에 대한 선호 및 거부입니다. 다행인 것은 그런 편식에도 불구하고 필수 비타민이나 무기질의 결핍 등은 그리 많이 보고되지 않습니다(Emond et al., 2010). 이러한 편식의 원인은 ASD 아동이 음식의 특정한 맛이나 냄새, 질감에 대해 지나친 불쾌감을 느끼거나 반대로 지나친 관심을 보이는 자폐의 임상 특성에 의한 경우가 많습니다.

이와 더불어 ASD 아동에서는 위장관의 문제 역시 흔하게 관찰됩니다. 가장 흔한 것은 만성 변비이고 설사와 복통, 소화불량, 위식도 역류 등이 많이 보고되고 있습니다. 이런 문제들은 의학적으로 치료가 가능하나 ASD 아동은 자기표현 능력의 부족으로 오랜 시간 어려움을 겪게 될 수 있습니다. 따라서 보호자들은 아동의 신체적 불편감에 대하여 지속적인 주의를 기울여야 합니다.

4. 자폐 스펙트럼 장애 증상과 연관된 유전질환

1) 저희 아이가 유전질환인가요?

ASD는 이미 알려져 있는 단일유전자 증후군(monogenic

syndrome)의 표현형으로 나타날 수 있습니다. 실제로 모든 ASD 아동 중 10%가 여기에 속하며, 일반적으로 기형과 같이 특이한 모습을 보이는 경우가 많습니다. 특정한 원인으로 한정 지을 수 없는 자폐와 비교하여 이러한 유형의 자폐를 'syndromic autism'이라고 하며, 다른 ASD와는 달리 남녀의 성비가 동일한 특징을 가지고 있습니다. 대표적인 예로는 취약 X 증후군(fragile X sydrome), 결절성 경화증(tuberous sclerosis), 치료되지 않은 페닐케톤뇨증(untreated phenylketonuria), 엔젤만(Angelman) 증후군, 프래더-윌리(Prader-Willi) 증후군, 다운(Down) 증후군 등이 있습니다. 이러한 아동은 뚜렷한 신경유전적 요인을 가지고 있습니다. 하지만 이러한 유전적 요인은 부모로부터 유전되거나 다음 세대로 유전되는 것은 아닙니다. 만약 아동이 앞의 증후군에 해당되는 가족력이나 신체적 증상들을 가지고 있다면, 병원을 방문하여 소아청소년과의 신경 혹은 유전 전문가와의 진료가 도움이 될 수 있습니다. 추가로, 만약 아동이 지적 장애가 있다면 위와 같은 증상을 보일 가능성이 더 높아집니다. 중요한 것은 유전질환에 수반되는 기타 의학적 문제가 있을 수 있으므로 아동이 어떤 증상이 있는지 확인하는 것입니다. 또한 자폐를 유발하는 유전적 요인이 있다는 사실을 인지한다면, 자폐가 있는 또 다른 자녀를 가질 확률을 줄일 가능성도 있습니다. 각 질환에 대한 자세한 설명은 다음과 같습니다.

"우리 집에 자폐인 사람이 한 명도 없었는데, 어떻게 우리 애의 자폐증상이 유전인거죠?"

"그 이유는, 한 가족 안에서도 개개인의 특징을 결정짓는 유전
자는 해당 세대에 처음으로 나타나기 때문입니다. 어떤 유전자
가 있다고 해서 그것이 반드시 똑같이 다음 세대에 나타나는 것
은 아닙니다."

Autismspeaks manual 중에서 발췌

2) 관심을 가져야 하는 유전질환

(1) 결절성 경화증
소아청소년과 측면

결절성 경화증은 몸 구석구석에 양성 종양, 즉 과오종이 자라나는
유전질환으로 아직 특별한 치료방법이 없는 난치성 질환입니다. 관
련 증상 역시 워낙 다양하고 복잡한 질환이므로 소아청소년과는 물
론 소아정신과, 소아심장과, 소아신장과, 안과, 피부과에 이르기까
지 다양한 분야의 전문가들이 총동원되어야 합니다. 나이가 들어감
에 따라 종양 부위가 달라지므로 평생 관리가 필요하며, 이는 환아
와 가족들에게 큰 불편감을 주게 됩니다. 결절성 경화증은 TSC2와
TSC1의 유전자 결함으로 인해 발생하며, 대를 거르지 않고 연속으
로 유전되는 체우성유전이고, TSC2 결함이 더 흔하게 보고되고 있
습니다. 하지만 결절성 경화증 환아의 2/3가 가족력 없이 발생하기
도 하고 20% 환아에서는 유전적 결함을 발견하지 못하는 경우도 있
어 임상증상만으로 진단하기도 합니다. 유전자 결함이 진단된 경우

자녀에게 유전될 확률은 50%이며, 임상증상도 없고 유전자 결함도 발견되지 않은 자녀는 그 다음 세대로 결절성 경화증이 유전될 확률은 없습니다.

소아정신과 측면

결절성 경화증 아동들은 내과적 문제와 더불어 인지기능 저하, 발달 및 학습 문제, 행동장애 등을 보일 가능성이 높습니다. 약 50%에서 정상 지능을 보이지만 발달 지연과 학습장애 등이 동반되는 경우가 흔히 관찰되고, 약 30%의 환아들은 지능지수가 21이하인 것으로 보고되었습니다. 처음에는 정상 지능을 보이다가 8~14세 이후에 지능저하가 나타나는 경우도 있는데, 이런 경우는 조절되지 않는 뇌전증에 영향을 받았거나 뇌종양에 의해 뇌압이 증가한 경우에 나타날

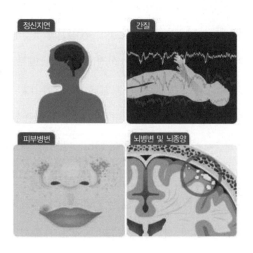

[그림 4-2] 결절성 경화증의 증상

출처: 국가건강정보포털.

수 있습니다. 또한 정서와 사회성도 미숙하여 또래관계에서 문제를 보일 수도 있으며 행동장애, 주의력결핍 과잉행동장애 등을 보여 학교생활에서 적응이 힘들 수 있습니다. 따라서 결절성 경화증 아동들은 소아정신과에서의 인지평가를 비롯한 신경심리학적 검사와 정서 및 사회성 검사 등을 통하여 조기에 정신과적 문제를 발견하여 다양한 치료적 접근을 시작하는 것이 좋습니다. 결절성 경화증 아동들에게서 가장 흔히 나타날 수 있는 행동장애로는 주의력결핍과잉행동장애(ADHD)가 약 40~60%를 차지하며, 자폐 스펙트럼 장애가 약 20~58%의 빈도를 차지합니다. 결절성 경화증 아동에서 자폐증상의 치료를 위해서는 특수교육적 접근, 즉 언어치료와 사회성 치료, 작업치료, 감각통합치료, 인지학습 치료 등이 어린 시절부터 매우 적극적으로 행해져야 합니다. 무엇보다도 장기간의 지속적인 치료가 아동들의 치료 결과와 예후에 중요한 만큼 부모는 꾸준히 자녀의 특수교육적 치료에 적극적이어야 합니다.

(2) 취약 X 증후군

소아청소년과 측면

취약 X 증후군은 다운 증후군 다음으로 가장 흔한 지적장애의 원인으로 알려진 유전질환입니다. 비교적 흔하게 볼 수 있어 남자에서는 4,000~9,000명당 1명, 여자에서는 6,000~8,000명당 1명꼴로 발생하고, 이는 지적장애 남아 중 5.9%, 여아 중 0.3%를 차지하는 수치입니다. 종종 특이한 신체 양상을 보이는데, 넓은 이마, 긴 얼굴, 돌출된 큰 귀, 비대고환 등이 알려져 있습니다. 그 외에도 콧등이 두

꺼워져서 코끝까지 이어지거나, 홍채가 창백한 푸른색을 띠거나 치아가 밀집되어 있는 모습을 보입니다. 그러나 위와 같은 신체 양상은 특징적이지도 일정하지도 않으므로 이를 전적으로 신뢰할 수는 없습니다. 취약 X 증후군의 유전양식은 매우 특이합니다. 원인 유전자는 X염색체에 존재하는데, 보인자 남성의 경우 변이된 유전자를 딸에게 전달하게 됩니다. 그러나 딸은 증상이 나타나지 않고 변이된 유전자가 전달된 딸의 자녀들(즉, 보인자 남성의 손주)의 경우 정신과적 증상이 나타날 수 있습니다. 이러한 가능성은 변이된 유전자가 유전되는 세대의 수가 증가할수록 높아지게 됩니다. 또한 남아의 경우 X염색체가 하나밖에 없으므로 증상이 두드러지게 나타나지만, 여아의 경우 나머지 정상적인 X염색체가 일종의 보상효과를 나타내므로 증상이 완화되는 경향을 보입니다.

소아정신과 측면

취약 X 증후군 아동 중 60%에서 손을 퍼덕거리거나 물어뜯는 등의 상동행동이 타날 수 있고, 90%에서는 눈 맞춤이 제대로 이뤄지지 않습니다. 증상이 약한 아동은 재잘거리는 양상의 대화를 하고, 증상이 심한 아동은 짧게 반복적으로 말하는 양상을 보이며, 더욱 심한 경우에는 대화가 불가능하기도 합니다. 주의 집중력에도 문제를 보여 지나치게 활동적인 모습을 보이고, 자극에 민감하여 심각한 행동문제를 보이기도 합니다. 그러므로 취약 X 증후군 아동의 약 60%가 자폐 스펙트럼 장애의 진단기준에 부합되는 양상을 보입니다. 그 외 지적장애와 연관성이 많이 보고되고 있습니다. 이환된 남자 아동은

대부분 지적장애에 해당되나, 여자 아동의 경우 단지 1/3 또는 1/2
에서 지능저하를 보이고, 나머지는 경미한 학습장애 정도만이 보고
되고 있습니다.

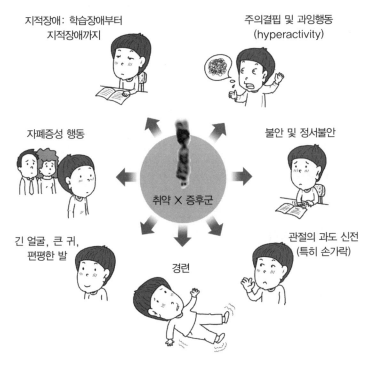

[그림 4-3] 취약 X 증후군의 모습과 흔한 증상

(3) 다운 증후군

소아청소년과 측면

다운 증후군은 상염색체 이상을 가진 질환 중 가장 흔하게 보이는 질환으로, 유병률은 약 750명 중 1명 정도입니다. 다운 증후군은 정상 염색체 외에 21번 염색체가 여분의 염색체 1개를 더 가지게 되어 발생합니다. 이러한 염색체 이상으로 인해서 특징적인 얼굴과 신체 구조가 나타나게 되며 지능장애를 가지게 됩니다. 상염색체증이 산모의 나이와 관련이 있다고 많이 알려져 있어, 대부분의 사람들이 산모의 나이가 다운 증후군의 원인이라고 생각하고 있지만, 이는 잘못 알려진 내용입니다. 오히려 다운 증후군 아이를 낳은 산모의 평균 나이는 28세이고, 다운 증후군 아이들의 80%는 35세 이하의 산모에게서 태어났습니다. 단지 여자들이 나이가 들면서 상염색체증을 가진 아이를 임신할 위험성이 더 증가한다는 것이지 산모의 나이를 다운 증후군의 원인으로 지목할 수는 없습니다. 다운 증후군의 증상은 매우 다양하고 사람마다 각기 다르며, 경한 정도부터 심한 정도까지 나타날 수 있고, 그중에서도 모자이크형은 증상이 경미할 수 있습니다. 가장 흔한 이상으로는 특징적인 얼굴과 손과 발 모양, 근육 긴장도의 저하, 시력과 청력의 이상, 심장 이상 등이 있습니다.

소아정신과 측면

다운 증후군 아이들은 신생아기에 근력 저하로 인해서 운동능력이 떨어집니다. 대부분 2~4세경에 걷기 시작하고, 4~6세경에 언어 사용이 이루어지며, 식사하기, 옷 입기, 용변 훈련 등 학습적인 기술

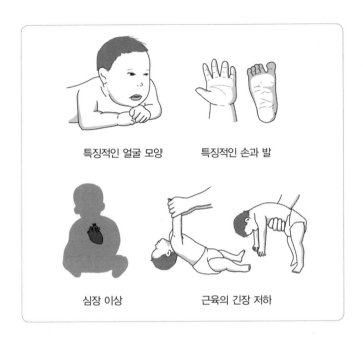

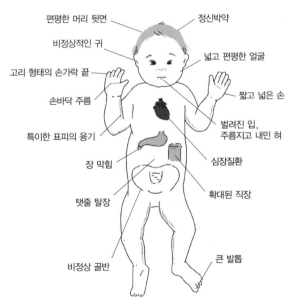

[그림 4-4] 다운 증후군의 모습과 흔한 증상

습득이 보통 아이들보다 늦어지게 됩니다. 이처럼 전반적인 영역에서의 발달 지연이 자폐 아동처럼 보일 수도 있으나 이는 부족한 지적기능 혹은 근긴장도의 저하로 발생할 수도 있으므로 주의 깊은 관찰이 필요합니다. 조기에 언어치료와 근력 발달을 위한 물리치료를 병행하는 경우 도움을 받을 수 있습니다.

　다운 증후군에서 지능저하는 다양하게 나타납니다. 경증(IQ 50~70)에서 중등도(IQ 35~50) 정도이며, 드물게 심한 경우(IQ 20~35)도 있습니다. 하지만 이들은 지능저하로 인해서 학습을 할 수 없는 것은 아닙니다. 단지 배우는 것이 느리며, 학습 내용을 완전히 이해하고 판단하기에 조금 더 어려울 뿐입니다. 신생아기에 향후 지능이 얼마나 될지 미리 예측하는 것은 힘든데, 그 이유는 개인의 학습능력은 조기에 발견하여 적합한 교육과 높은 기대와 격려를 통해서 얼마든지 향상될 수 있기 때문입니다. 그 외에도 일부 아동은 항상 똑같은 방식을 고집하거나 순서에 맞추려고 하는 모습을 보이고, 반항장애나 주의력결핍 과잉행동장애의 모습을 보일 수도 있습니다.

참고문헌

Berg, A. T., & Plioplys, S. (2012). Epilepsy and autism: is there a special relationship? *Epilepsy & Behavior, 23*(3), 193-198.

Bolton, P. F., Carcani-Rathwell, I., Hutton, J., Goode, S., Howlin, P., & Rutter, M. (2011). Epilepsy in autism: features and correlates. *The British Journal of Psychiatry, 198*(4), 289-294.

Curtin, C., Hubbard, K., Anderson, S. E., Mick, E., Must, A., & Bandini, L.

G. (2015). Food selectivity, mealtime behavior problems, spousal stress, and family food choices in children with and without autism spectrum disorder. *Journal of autism and developmental disorders, 45*(10), 3308-3315.

Kent, L., Evans, J., Paul, M., & Sharp, M. (1999). Comorbidity of autistic spectrum disorders in children with Down syndrome. *Developmental Medicine & Child Neurology, 41*(3), 153-158.

Kotagal, S., & Broomall, E. (2012). Sleep in children with autism spectrum disorder. *Pediatric neurology, 47*(4), 242-251.

Lord, C., Cook, E. H., Leventhal, B. L., & Amaral, D. G. (2013). Autism spectrum disorders. Autism: The Science of Mental Health, 28, 217.

O'Connor, K. (2012). Auditory processing in autism spectrum disorder: a review. *Neuroscience & Biobehavioral Reviews, 36*(2), 836-854.

Rosenhall, U., Nordin, V., Sandström, M., Ahlsen, G., & Gillberg, C. (1999). Autism and hearing loss. *Journal of autism and developmental disorders, 29*(5), 349-357.

Steyaert, J. G., & De La Marche, W. (2008). What's new in autism? *European Journal of Pediatrics, 167*(10), 1091-1101.

Thurman, A. J., McDuffie, A., Hagerman, R., & Abbeduto, L. (2014). Psychiatric symptoms in boys with fragile X syndrome: A comparison with nonsyndromic autism spectrum disorder. *Research in Developmental Disabilities, 35*(5), 1072-1086.

Vignoli, A., La Briola, F., Peron, A., Turner, K., Vannicola, C., Saccani, M., Canevini, M. P. et al. (2015). Autism spectrum disorder in tuberous sclerosis complex: searching for risk markers. *Orphanet Journal of Rare Diseases, 10*(1), 1.

Viscidi, E. W., Triche, E. W., Pescosolido, M. F., McLean, R. L., Joseph, R. M., Spence, S. J., & Morrow, E. M. (2013). Clinical characteristics of children with autism spectrum disorder and co-occurring epilepsy. *PloS one, 8*(7), e67797.

제5장

자폐 스펙트럼 장애 보완대체치료의
과학적 근거

자폐 스펙트럼 장애(Autism spectrum disorder, 이하 ASD)의 유병율은 최근 들어서 증가(약 출생인구 150명당 1명)하고 있으며, 대개 이른 아동기(early childhood)에 발병하여 사회적 상호작용, 의사소통의 부족, 반복되는 상동행동 등의 특징적인 증상을 보이는 것으로 알려져 있습니다. 자폐 스펙트럼 장애의 원인을 밝혀내기 위한 연구들이 병인론적 · 유전학적 · 인구학적 영역에서 활발하게 이루어지고 있지만, 현재까지 뚜렷한 원인에 대해서는 밝혀진 바가 없는 실정입니다. 또한 잘 알려진 것처럼 자폐 스펙트럼 장애는 다양한 증상의 집합체로 이루어져 있으며, 그 증상의 심각성(severity)도 개개인마다 다른 모습을 보입니다. 이러한 증상이나 심각성에 따라 실제 생활영역에서 보이는 행동이나 발달 수준 또한 다양한 형태로 표현됩니다.

　임상에서 시행되는 전통적인 치료(traditional treatment)는 일률적인 치료보다는 환아 개인이 가지고 있는 특성이나 증상에 따른 맞춤치료를 시행하기는 하지만, 자폐 스펙트럼 장애와 공존 질환이 가지는 전반적인 특징들을 고려하면 이러한 치료의 경과는 어렵고 힘든 과정이며, 그 결과도 즉각적이지 않고 느리게 나타나는 경향이 있습니다. 그렇다 보니 자폐 스펙트럼 장애를 가진 아이을 돌보는 가족(특히 부모)은 앞서 말한 전통적인 의학적 또는 심리학적 치료방법뿐만 아니라 그 외의 영역에서 시행되는 다양한 보조치료에도 관심을 가질 수밖에 없습니다. 하지만 이러한 환자나 보호자들의 관심이나 기대에도 불구하고 정작 임상에서 일하는 임상가 또는 주치의들은 이러한 보완대체치료(complimentary and alternative treatment, 이하

CAM)에 대해서 자세히 알지 못하고, 대개 과학적으로 입증되지 않은 치료방법으로 생각하여 환자의 치료에 도움이 되지 않을 것이라고 막연히 판단하는 경향이 있어서, 이에 대해 보호자들과 이야기를 나누는 것을 꺼려 하고 있는 실정입니다. 이번 장(chapter)에서는 다음 순서에 따라 자폐 스펙트럼 장애에서 시행되고 있는 보완대체치료와 관련된 여러 가지 사항에 대해서 알아보고자 합니다.

1. 보완대체치료란

보완대체치료(요법)란 일반적으로 보완의학(complementary medicine)과 대체의학(alternative medicine)을 통합하여 일컫는 용어입니다. 보완대체치료(요법)에 관하여는 여러 가지의 정의가 알려져 있는데, 미국국립보건원(NIH)의 산하 기관인 국가보완대체의학연구센터(National Center for Complementary and Alternative Medicine, 이하 NCCAM)에서는 "보완대체의학이란 현재로서는 현대 의학에 속하지 않는 다양한 형태의 모든 의료"라고 광범위하게 정의하고 있습니다. 또 다른 정의를 살펴보면 Ernst 등은 보완의학의 기능적인 면을 강조하여 "보완대체치료란 현대 의학적 방법으로 충족되지 않는 요구를 만족시켜 줌으로써, 현대 의학을 보완하는 진단이나 치료 또는 예방방법"이라고 정의하고 있습니다.

우리나라의 경우 대한의학회 보완대체의학실무위원회에서는 "현재 우리나라에서 인정되는 정통 의학(conventional medicine), 주류

의학(mainstream medicine), 제도권 의학(orthodox medicine), 정규 의학(regular medicine)에 속하지 않은 모든 보건의료체제 및 이와 동반된 이론이나 신념 그리고 진료나 치료에 이용되는 행위와 제품 등의 치유자원 전체를 통칭한다."고 정의하고 있습니다.

이상의 다양한 정의들을 살펴보면 '보완대체치료(요법)란 현재 널리 시행되고 있는 현대 의학에서 행하고 있지는 않지만, 그것들이 가지는 제한점을 극복하거나 다른 효과를 기대하기 위해서 환자와 보호자들로부터 사용되는 다른 종류의 의료행위'라고 정의를 내릴 수 있을 것입니다.

2. 보완대체치료를 찾는 이유

전통적인 치료는 증상에 맞춰서 진단을 하고, 그에 따른 치료를 하여 질병의 상태에서 벗어나려는 시도와 관련이 되는 반면에, 보완대체치료는 건강을 증진시키고 회복으로 가는 과정을 도와주는 보조적인 측면에서 시행되는 경향이 있습니다. 보완대체치료의 경우 흔히 '자연적인(natural)' 또는 '인체에 해롭지 않은(harmless to human)'이라는 식의 인식이 환자나 보호자뿐만 아니라 일반대중에게도 널리 퍼져 있으며, 실제로 이러한 인식은 자폐 스펙트럼 장애뿐만 아니라 암이나 우울증과 같은 다양한 질환에서도 보완대체치료가 널리 사용되는 근거로 사용되고 있습니다. 보완대체치료를 선택하는 대부분의 사람들은 보완대체치료를 전통적인 치료방법과 동시에 사용하였을 때 둘 중에 하나만 사용하였을 때보다는 더 좋은 효과(최소한 해를 끼치지는 않을 것)를 보일 것이라고 기대하는 것으로 나타났으며, 많은 사람들이 보완대체치료의 효과에 대해서 만족감을 표현하였습니다.

보완대체치료를 선택하는 데에는 개인별로 다양한 이유가 있을 수 있겠으나 흔히 병원에서 처방받은 약물로 인해 생긴 부작용을 줄이거나 없애기 위해서 많이 선택하는 경향이 있습니다. 예를 들면, 염증성장질환(inflammatory bowel disease)으로 치료받는 환자들이 보완대체치료를 선택하는 가장 큰 요인은 약물 사용에 따른 부작용이었습니다. 자폐 스펙트럼 장애를 가진 환아들의 가족을 대상으로 조사하였을 때는 대상자 중 75% 이상에서 치료에 따른 안전에 대한 걱정, 기존 약물의 부작용 종류, 대체요법에서 나타나는 부작용 등을 주요한 고려사항으로 생각하였습니다.

앞서 말한 부작용과 관련된 부모들의 걱정 외에도 보완대체치료를 선택하는 데에는 다양한 요인들이 작용할 수 있습니다. 내과적 질환인 천식(asthma)을 대상으로 진행된 연구에서 해당 질환을 가진 환자들이 보완대체치료를 선택하게 만드는 요인에는 높은 연령, 조절되지 않는 증상의 악화, 많은 약물처방, 잦은 빈도의 병원 방문, 더 많은 부작용 등이 조사되었습니다. 자폐 스펙트럼 장애를 가진 아이들을 대상으로 한 다른 연구에서는 약 50% 정도에서 질병의 완전한 치료를 위해서, 또는 친구나 다른 가족의 추천을 받아서 선택을 하게 되었다는 보고를 하였으며, 25%의 경우에는 방송매체를 통한 소개를 보고 선택을 하게 되었다고 발표하였습니다. 그 외에도 비타민

(vitamin)과 같은 보완대체치료의 경우 의사의 처방을 받지 않아도 되는 접근성으로 인해서 쉽게 노출될 가능성이 있습니다.

최근 들어서 자폐 스펙트럼 장애와 관련된 보완대체치료의 경우에 사회적 상호작용, 의사소통 등의 주요 증상뿐만 아니라 주의력 문제, 수면 문제, 식이 문제, 전반적인 건강증진과 관련된 증상들을 조절하는 목적으로도 사용되기 때문에 그 비중이 점차 커지고 있는 추세입니다. 그리고 자폐 스펙트럼 장애를 가진 아이들 중 기존의 전통적인 방법의 치료에 저항을 보이는 경우가 많기 때문에, 기존의 치료를 못 믿어서가 아니라 보완대체치료와 같은 추가적인 치료를 병행하면 더 좋은 결과가 있을 것이라는 환자 및 보호자들의 기대 때문에 흔히 사용되기도 합니다. 또한 기존의 전통적인 치료는 의사에 의한 지시에 따르는 경우가 많은데 보완대체치료와 같은 방법에서는 치료 선택이나 중단을 환자나 보호자가 결정함으로써 치료에 대한 선택권 또는 결정권을 가질 수 있다는 것도 보완대체치료를 선택하는 하나의 이유가 될 수 있습니다.

3. 보완대체치료 이용현황

1) 서양의 사례

보완대체치료의 사용은 성인 및 아동 모두에게서 증가되고 있는 추세입니다. 미국의 NCCAM에 따르면, 미국 성인의 약 3/4에서 질병을 치료하거나 건강을 유지하기 위해서 보완대체치료를 사용하는 것으로 보고되었으며, 아이들의 경우에도 약 2~50%(아마도 과소평가되었을 가능성이 있음)에서 보완대체치료를 사용하는 것으로 보고되었습니다. 이러한 경향은 앞서 말한 성인의 경우와 비슷한 수준으로 보완대체치료를 사용하고 있다는 것을 보여 주는 결과라고 할 수 있습니다([그림 5-1] 참조). 특히 천식, 암, 류머티스 질환, 자폐증과 같은 신경발달장애가 있는 경우 50~75%의 해당 아이들이 보완대체치료를 사용하고 있었으며, 자폐 스펙트럼 장애를 가진 아이들을 대상으로 보완대체치료의 사용을 조사하였을 때 정확한 진단을 받기 전에 부모에 의해서 약 1/3가량의 아이들이 식이요법(dietary therapies) 등의 보완대체치료를 실시하고 있었습니다.

James 등이 3,413명의 자폐 스펙트럼 장애를 가진 아이들을 대상으로 시행한 보완대체치료에 관한 연구를 살펴보면, 896명(28%)의 아동이 한 종류 이상의 보완대체치료를 사용하고 있었으며, 그 중 548명(17%)은 특별식이(special diet)를 시행하였으며, 그 외에 643명에서 비타민제 복용, 필수 지방산 섭취, 제독치료 등의 다른 종류의 보완대체치료를 하는 것으로 조사되었습니다(〈표 5-1〉 참조). 특히 소화기계 증상(gastrointestinal symptoms)을 보이는 경우 1.88배, 경련(seizure)이 있는 경우 1.58배 더 많이 사용하는 등 다른 신체질환이나 증상이 있을 경우 더 높은 사용 빈도를 보였습니다. 자폐 스펙트럼 장애의 질환별로 살펴보면 DSM-IV 진단기준으로 상세불명의 전반적 발달장애(Pervasive developmental disorder)와 아스퍼거 장애(Asperger's disorder)의 진단을 받은 경우에 자폐 장애(autistic

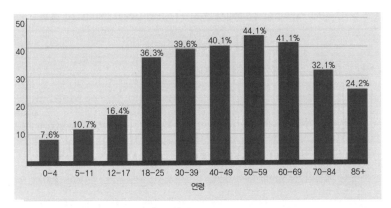

[그림 5-1] 연령별 보완대체치료 사용 비율

출처: NCCAM(2007).

disorder)를 진단받은 경우보다 보완대체치료를 사용하는 빈도가 1/2~2/3 정도 적었습니다.

자폐 스펙트럼 장애를 대상으로 한 다른 연구를 살펴보면 112명 중 약 74%에서 보완대체치료를 사용하였으며, 약 절반 이상에서 생물학 기반 치료, 30%에서는 심신 중재, 25%에서는 수기 및 신체 기반 방법, 8%에서 에너지 치료를 사용하는 것으로 밝혀졌습니다. 이 연구에서는 보완대체치료를 사용하는 가장 중요한 요인으로 아이의 증상이나 진단에 대한 부모의 보고를 언급하였습니다. 아이가 더 심한 증상을 보이는 진단을 받았다고 보고하는 부모의 경우 더 많은 보완대체치료를 사용하였습니다. 보완대체치료를 시행하는 대부분의 부모는 보완대체치료가 도움이 된다고 보고하였으며, 극히 일부의 부모들만이 보완대체치료가 해로운 영향을 준다고 보고하였습니다. 또한 앞서 살펴본 바와 마찬가지로 보완대체치료를 선택하

〈표 5-1〉 **자폐 스펙트럼 장애에서 흔히 사용되는 보완대체치료의 종류**

보완대체치료의 종류	N(%)
● 한 종류 이상의 보완대체치료를 시행한 경우	896(26.2)
특별 식이(special diet)	548(16.0)
글루텐 제거식이 (Gluten free diet)	249(7.3)
카제인 제거식이 (Casein free diet)	289(8.5)
설탕 제거식이 (Sugar free diet)	69(2.0)
● 특별 식이 외에 다른 종류의 보완대체치료를 시행한 경우	643(18.9)
비타민 보충(Vitamin supplement)	413(12.1)
필수 지방산(Essential fatty acid)	171(5.0)
고용량의 B6 와 마그네슘(Vitamin B6 & Mg)	99(2.9)
제독치료(Chelation therapy)	19(0.3)
침술(Acupuncture)	10(0.2)
● 기타 보완대체치료를 시행한 경우	173(5.1)

출처: James et al. (2012).

는 가장 큰 이유는 처방받은 약물에 따른 부작용에 대한 걱정이었으며, 그 외에 보완대체치료를 선택하는 이유로는 의사의 추천, 좀 더 과학적인 치료에 대한 선호, 지인의 추천, 완치에 대한 희망, '자연적인' 치료에 대한 선호 등이었습니다.

2) 서양과 동양(중국권)의 비교

보완대체치료를 선택하는 비율은 동양과 서양에서 차이를 보이는 것으로 조사되었습니다. 홍콩에서 신경발달장애를 보이는 430명의 아이들을 대상으로 시행한 연구에 의하면 이 중 약 22.8%가 자폐 스펙트럼 장애로 진단되었습니다. 자폐 스펙트럼 장애로 진단된 아이들의 경우 약 40.8%에서 보완대체치료를 사용하는 데 비해서 다른 진단(자폐 스펙트럼 장애 외의 진단)을 받은 아이들의 경우 21.4%에서 보완대체치료를 사용하는 것으로 조사되었으며, 이는 서양의 비율에 비해서 낮은 결과였습니다. 가장 흔하게 사용하는 보완대체치료의 종류 또한 서양과는 다른 양상으로 침술(47.5%), 감각통합(sensory integration)(42.5%), 한방치료(Chinese medicine)(30%) 등이 주로 사용되는 경향을 보였습니다. 보완대체치료를 사용한다고 응답한 이들 중 76.9%가 기존의 전통적인 치료에 추가하여 보완대체치료를 사용하였으며, 약 절반 정도는 서양의학과 보완대체치료를 같이 사용하는 것으로 보고하였습니다. 이상의 내용을 요약해 보면 동양에서 자폐 스펙트럼 장애로 진단받은 환아들이 사용하는 보완대체치료는 서양에서 실시된 비율에 비해서 낮았으며(미국 74~92%, 캐나다 52%), 주로 사용하는 보완대체치료의 종류도 서양에서는 주로 생물학 기반 치료가 주를 이룬 반면에 동양에서는 침술 치료가 가장 큰 비중을 차지함으로써 서로 다른 특징을 보이는 것으로 조사되었습니다.

3) 우리나라의 경우

우리나라의 경우 자폐 스펙트럼 장애를 대상으로 보완대체치료의 사용과 관련된 연구는 거의 없는 실정입니다. 그중 최근에 김경민 등(2014)이 실시한 '정신지체 및 자폐 스펙트럼 장애에서 다양한 치료방법의 사용실태'라는 연구에 따르면 전체 환자(정신지체 및 자폐 스펙트럼 장애 포함)의 경우 56%에서 약물치료(pharmacologic therapy)를 경험하는 것으로 조사되었으며, 자폐 스펙트럼 장애를 진단받은 경우에 약 72%에서 약물치료를 시행한다고 보고하였습니다. 또한 거의 모든 아동에서 최소 1개 이상의 교육-행동요법을 사용해 본 경험을 보고하였고, 이 중 가장 많은 선호를 보였던 치료방법은 언어치료, 놀이치료, 미술치료, 운동치료, 감각통합치료 순이었습니다. 자폐 스펙트럼 장애를 가지고 있는 군의 경우 평균 3.4개의 보완대체치료를 경험하였으며, 가장 많이 경험해 보았던 하위항목은 한약 등의 약물(26%), 비타민 섭취(16%), 청각통합요법(14%) 순이었습니다. 이러한 결과는 앞선 중국권에서의 결과와 비슷한 양상을 보이고 있습니다. 각 치료별 월평균 비용은 약물치료의 경우 63,704원, 교육-행동요법의 경우 약 20만 원 이내의 비용이 들었고, 보완대체치료의 경우 사용 경험률이 높았던 한약과 비타민 요법에 각각 268,462원, 162,500원의 월 평균 비용이 든 것으로 조사되었습니다. 만족도와 관련된 사항을 살펴보면 7점 Likert 척도를 이용하였을 때 자폐 스펙트럼 아동군에서 4.31점, 정신지체 아동군에서는 4.75점의 점수분포를 보였습니다. 교육-행동요법의 만족도는 운동치료가 5.48점으로 가장 높았으며, 다음으로 놀이치료, 미술치료의 순으로 높은 점수를 보였습니다. 그 외의 다른 보완대체치료는 모든 하위항목에서 4.00점 이하의 만족도를 보였습니다. 치료의 만족도 측면에

서는 운동치료, 놀이치료 등이 상대적으로 높게 나왔는데, 특히 운동
치료는 약물치료에 비해서도 유의미하게 높은 만족도 수준을 보였
습니다. 이러한 치료방법들이 활동을 바탕으로 하는 치료여서 아동
들이 자발적이고 적극적으로 치료에 개입하여 부모들이 더 높은 주
관적인 만족감을 보이는 것으로 해석할 수 있습니다. 우리나라의 이
러한 연구결과 중 만족도와 관련된 사항에는 현재 장애 아동의 치료
지원을 위한 재활치료지원 바우처 사업으로 경제적 혜택을 받음으
로써 느끼는 만족감도 반영되었을 것으로 생각됩니다. 또한 이 연구
에서는 보완대체치료를 사용한 18명 중 6명만이 보완대체치료의 사
용에 대해서 의사에게 알렸던 것으로 나타나 외국의 사례(62%)보다
도 낮은 비율로 관찰되었습니다. 이러한 저조한 보고율에 대해서 김
경민 등(2014)은 전문가의 적절한 모니터링과 지침 없이 보완대체치
료가 주위의 권유와 부모의 판단에 의해 사용되고 있음을 시사하는
결과라고 하였습니다.

4. 환자나 보호자들이 의사와 상의하지 않는 이유

　자폐 스펙트럼 장애를 진단받은 아이들 100명의 부모를 대상으로
"왜 보완대체치료의 사용에 대해서 아이의 주치의에게 이야기하지
않았습니까?"라는 질문을 하였을 때, 약 22%에서 '주치의가 보완대
체치료에 대해서 지식이 부족할 것 같아서'라고 대답하였으며, 18%
에서는 주치의에게 공개할 필요성을 못 느껴서, 18%에서는 '주치의

가 묻지 않아서', 14%에서는 '주치의가 허락하지 않을 것 같아서', 12%에서는 '진료시간이 너무 짧아서' 등이라고 대답하였습니다. 미국에서 시행된 또 다른 연구에서는 약 53%의 부모들이 보완대체치료와 관련해서 그들의 소아과의사와 상의하고 싶은 생각이 있지만 정작 상의하는 비율은 36%에 그치는 것으로 조사되었습니다. 자폐 스펙트럼 장애를 대상으로 우리나라에서 진행된 연구는 없으나 짧은 외래치료시간, 보완대체치료에 대한 부정적인 의사들의 인식 등을 고려하였을 때 진료현장에서 자폐 스펙트럼 장애를 진단받은 아이나 부모에게 보완대체치료와 관련된 적절한 정보를 제공하고 관련된 이야기를 나누는 것은 외국의 경우보다 훨씬 더 적을 것이라고 예상할 수 있을 것입니다.

이종문 등이 시행한 '의료기관 종사자의 대체의학 이용양상 및 인식에 관한 조사연구'에 따르면 보완대체치료에 대한 우리나라 의사들의 시각은 '매우 신뢰한다.'와 '약간 신뢰한다.'는 긍정적인 의견이 약 40% 정도를 차지했고, 나머지 60%에서는 '그다지 신뢰할 수 없다.'와 '전혀 신뢰할 수 없다.'는 부정적인 의견을 가지고 있는 것으로 조사되었습니다. 앞서 살펴본 바와 마찬가지로 우리나라의 경우 보완대체치료에 대해서 환자나 보호자들의 관심이나 사용빈도는 높으나 그에 비해서 의료기관 종사자들에게는 상대적으로 낮은 신뢰도를 보이고 있으며, 보완대체치료와 관련된 효과, 안정성, 상호작용과 같은 연구 등은 미흡한 실정으로 이에 대한 추가적인 연구가 필요한 상황입니다.

5. 보완대체치료의 분류

현재 환자의 질환명 또는 환자나 보호자의 요구와 필요에 따라 수많은 보완대체치료가 널리 사용되고 있으며, 미국의 NCCAM에서는 보완대체치료를 생물학 기반 치료(Biological Based Therapies), 심신 중재(Mind-body intervention) 수기 및 신체 기반 방법 (Manipulation and body based methods), 에너지 치료(Energy therapies), 대체의학체계(Alternative medical systems)로 크게 5종류로 세분화하고 있습니다(〈표 5-2〉 참조).

1) 생물학 기반 치료

생물학 기반 치료는 생물학적 작용에 근거를 둔 방법으로 자폐 스펙트럼 장애에서 중요하다고 여겨지는 신경학적 기능 이상이나 문제를 다루기 위해서 시행됩니다. 주로 식이요법 및 보조제의 복용을 생물학 기반 치료의 대표적인 예로 들 수 있으며, 주로 동물, 약초, 음식, 비타민, 미네랄과 같은 자연에 존재하는 물질을 사용하게 됩니다. 그 외에도 생물학 기반 치료에는 수정 식이(modified diet), 제독 치료, 고압산소치료(hyperbaric oxygen therapy) 등이 포함될 수 있습니다. 흔히 식이요법이나 보조제의 경우 대부분 자연유래 천연물질이라고 생각하고 안전하다고 믿는 경향이 있지만 항상 안전한 것은 아닙니다. 일부 식품이나 물질의 경우에는 자체적으로 독성을 가

〈표 5-2〉 **자폐 스펙트럼 장애에서 흔히 사용되는 보완대체치료**

생물학 기반 치료	조절 식이 비타민/미네랄 음식 보충 세크레틴 제독치료 고압산소치료
심신 중재	바이오피드백 명상/이완요법 최면/심상유도요법
수기 및 신체 기반 방법	마사지 특수 운동 청각통합치료 미주신경 자극
에너지 치료	경두개 자기 자극
대체의학체계	침술 인지의학

지고 있거나 일반적인 치료에서 사용하는 약물이나 치료방법에 영향을 줄 수 있으며, 심한 경우 간 손상, 면역 저하 등의 부작용을 일으키기 때문에 주의가 필요합니다. 이와 관련된 이야기는 뒤에서 좀 더 자세히 다루도록 하겠습니다.

2) 심신 중재

심신 중재는 정신의 능력을 고양하여 신체적 기능과 증상에 영향을 미친다는 이론을 바탕으로 한 보완대체치료의 한 종류입니다. 즉, '마음'이 '신체'에 영향을 미칠 수 있음을 전제로 한다고 말할 수 있습니다. 자폐 스펙트럼 장애 외에도 심혈관계 질환, 소화기계 질환 등의 다양한 질환에서 시행된 수많은 연구들에서 정서적 역할(마음)과 신체 간의 연관성을 지지하는 증거들이 제시되고 있습니다. 대표적인 심신 중재 기법에는 바이오피드백(biofeedback), 명상(meditation), 이완요법(relaxation therapy), 기도(prayer), 최면(hypnosis), 요가(yoga) 등이 포함됩니다. 일반적인 전통 치료적 접근으로 질병의 경과를 판단할 때는 눈으로 확인할 수 있는 수치나 변화에 초점을 맞추는 반면, 심신 중재 기법에서는 '치유'의 개념을 도입하여 내가 얼마나 심리적으로 건강하다고 느끼고 있느냐를 중점적으로 보게 됩니다.

3) 수기 및 신체 기반 방법

수기 및 신체 기반 방법은 신체의 일부 또는 여러 부위의 조작과 움직임을 이용하는 방법입니다. 쉽게 말하면 신체의 여러 부분을 접촉하고 누르거나, 문지르고 두드리는 등의 방법을 사용하는 치료라고 할 수 있습니다. 적절한 신체요법을 사용하게 되면 일반적으로 피로감을 줄여 주고, 수면을 잘 이루게 해 주며, 질병으로 인한 통증과 우울증을 감소시켜 주는 것으로 알려져 있습니다. 하지만 지나치게 압력을 가하거나 잘못된 방법을 사용하는 경우 무리한 자극을 가하게 될 수 있으며, 심한 경우에는 근골격계의 손상을 가져올 수도 있으므로 주의해야 합니다. 대표적인 수기 및 신체 기반 방법에는 카이로프랙틱(chiropractic), 정골요법(osteopathic manipulation), 마사지(massage), 두개천골요법(craniosacral therapy), 청각통합 치료(auditory integration treatment), 미주신경 자극(vagus nerve stimulation) 등이 포함됩니다.

4) 에너지 치료

에너지 치료는 신체가 치유와 건강을 유지하는 데 필요한 에너지를 가지고 있다는 전제에서 출발하여 에너지 장을 사용하는 방법입니다. 이 치료의 경우 손에 에너지를 불어넣거나 에너지를 통과시킴으로써 신체에 압력을 가하거나 신체를 움직이게 하여 에너지의 흐름을 원활하게 하는 것을 목적으로 합니다. 일반적으로 에너지 치료의 경우 질병으로 인한 스트레스를 줄여 주고 삶의 질을 개선시키는 것으로 알려져 있으며, 대부분 느리고 신중한 움직임으로 구성되어 있기 때문에 비교적 안전하나 개개인의 신체적 능력이나 상태가 다르기 때문에 강도나 치료의 구성을 달리할 필요가 있습니다.

5) 대체의학체계

대체의학체계는 동양의학과 같이 이미 의학적 체계가 갖추어진 경우를 지칭하는 것으로, 쉽게 말하면 우리나라나 중국 등에서 시행되고 있는 한의학을 대표적인 예로 들 수 있습니다. 한의학의 경우 미국 등을 포함한 서양에서는 보완대체의학의 한 종류로 간주되는 반면 국내에서는 의료법상 인정이 되는 의학의 한 분야로 서양과 다르게 인식되기 때문에 대체의학체계로 분류되고 있습니다. 대표적인 대체의학체계에 속하는 치료로는 전통중국의학(한의학), 동종요법, 침술, 아유르베다 요법 등이 포함될 수 있습니다.

6. 자폐 스펙트럼 장애에서 흔히 사용되는 보완대체치료의 종류와 특성

1) 생물학 기반 치료

(1) 멜라토닌

멜라토닌(Melatonin)의 경우 송과체(pineal gland)에서 생성되어 수면을 조절하는 호르몬으로 알려져 있으며, 수면장애가 있는 경우 널리 사용되고 있습니다([그림 5-2] 참조). 임상적으로 자폐 스펙트럼 장애를 가진 아이들에게서 수면 문제가 흔히 관찰되며, 실제 연구에서도 자폐 스펙트럼 아이들에게서 멜라토닌의 생성과 분비에 이상이 있음이 밝혀진 상태로, 이를 근거로 멜라토닌은 자폐 스펙트럼 장애를 가진 아이들에게 널리 사용되고 있습니다. 자폐 스펙트럼 장애 환자군의 경우 평균 혈중 멜라토닌 농도가 낮게 측정되었으며, 자폐 스펙트럼 장애 환자군에서 소변 6-설파톡시멜라토닌(6-sulphatoxymelatonin: 주요한 멜라토닌의 대사물) 농도가 낮았으며, 낮은 소변 6-설파톡시멜라토닌 농도는 자폐 스펙트럼 장애의 주요한 증상인 언어적 의사소통 저하와 놀이 기술의 장애 등과 연관성을 보였습니다.

멜라토닌의 사용은 실제로 자폐 스펙트럼 장애를 가진 아이들에 있어서 수면의 양과 질을 개선시키는 것으로 알려져 있습니다. 신경발달장애로 진단받고 만성적인 수면의 어려움을 가지고 있는 아이들을 대상으로 멜라토닌을 (2.5~10mg) 주었을 때 특별한 부작용의 호소 없이 약 80%의 아이들에서 수면을 개선시켰으며, 51명의 신경발달장애(16명의 자폐 스펙트럼 장애를 포함)로 진단받은 아이들에게 멜라토닌을 주었을 때 47명에서 수면이 개선되었습니다. 특히 수면시간, 수면 잠복기 등이 대조군에 비해서 호전을 보였습니다. 하지만 이러한 개선의 효과는 멜라토닌을 줄였을 경우 다시 이전의 상태로 돌아왔으며, 이후 재투여하였을 경우 강화되는 모습을 보였습니다. 또한 일부 연구에서는 멜라토닌을 과량 투여하였을 때 아침 시간대의 졸림, 야뇨증 등을 보고하였으나 일반적으로는 특별한 부작용은 없다고 알려져 있습니다. 실제로 멜라토닌을 사용할 경우 보통 하루에 한 번 수면 30분 전에 복용하며, 보통 상품은 한 정(tablet)당 2.5~3mg이 들어 있는데, 어린아이의 경우는 그 1/3 정도로 충분합니다. 다량을 투여하면 깊은 잠을 잘 수 있지만, 아침이 되어도 여전히 높은 수준을 유지하고 있게 되어 바람직하지 않습니다.

낮 시간대의 활동으로 인해서 고갈된 뇌와 신체의 에너지와 활동을 복구시켜 준다는 점에서 최근 강조되고 있는 수면의 역할과 관련하여 멜라토닌의 사용이 자폐 스펙트럼 장애를 가진 아이들에게서 흔해지고 있는 실정이지만, 현재까지 정확히 어떤 작용으로 자폐 스펙트럼 장애에 도움을 주는지에 대해서는 거의 밝혀진 바가 없으며 추가적인 연구가 필요한 실정입니다.

(2) 비타민 B₆/마그네슘

비타민 보충제의 경우 많은 정신과 질환에서 증상의 개선을 일으키는 것으로 알려져 50여년 전부터 널리 사용되고 있습니다. 이러한 경향에 맞추어 비타민 B_6와 마그네슘의 경우 20여년 전부터 자폐 스펙트럼 장애의 대중적인 치료제로 사용되었습니다. 특히 자폐 스펙트럼 장애를 진단받은 아이들 중 일부는 혈청 비타민 B_6 수준(plasma vitamin B_6 levels)은 높은데 반면에 활성 비타민 B_6 수준(pyridoxal-5'-phosphate or PLP)은 낮은 것으로 관찰되어 비타민 B_6에서 PLP로의 전환에 장애와 자폐 스펙트럼 장애와의 연관성에 대해서 관심을 가지기 시작하였습니다.

또한 자폐 스펙트럼 장애를 가진 아이들의 경우 대조군에 비해서 마그네슘의 농도가 낮다는 보고도 있어 왔습니다([그림 5-3] 참조). 자폐 스펙트럼 장애를 가진 아이들에게 피리독신(pyridoxine, 비타민 B_6)을 공급하였을 경우 일부 자폐 스펙트럼 장애를 가진 아이들에서 말과 언어가 호전되는 모습을 보였다고 하며, 비타민 B_6와 마그네슘을 같이 주었을 때 유뇨증, 짜증스러움 그리고 소리에 대한 민감성이 줄어들었습니다. 이러한 변화는 비타민 B_6를 단독으로 주었을 때보다 부작용 측면에서 유리하였습니다. 또한 다른 연구에서도 비타민 B_6와 마그네슘을 같이 주었을 때 대조군에 비해서 언어성 지능(verbal IQ)과 사회성과 관련된 지수(social quotient score)에서 호전을 보였습니다. 하지만 최근에 이상의 연구들에서 보이는 임상적으로 의미 있는 제한점들에 대한 지적이 있었습니다. 앞서 긍정적인 결과를 보인 연구 중 일부에서는 자폐 스펙트럼 장애 환자를 진단하고 모집하는 데 있어서 선택적 오류가 있을 수 있으며, 확실한 효과를 입증하기 위해서 적은 인원을 대상으로 연구가 시행된 점은 제한점으로 생각됩니다. 또한 이들에게 투여되는 비타민의 양이 통상적으로 체내에서 필요한 정도의 양에 비해 최고 수백 배에 이르는 경우도 있어서 주의가 필요합니다. 현재까지는 수용성 비타민(water-soluble vitamin)의 경우 대부분 해가 없는 것으로 알려져 왔지만, 일부 약물의 경우 중단한 이후에 금단증상, 경련, 흥분, 자극민감성, 과다활동, 불면 등의 증상을 일으킬 수도 있기 때문에 비타민 과량 사용은 신중하게 고려되어야 합니다.

(3) 비타민 C

비타민 C는 대표적인 수용성 비타민으로 신체 내에서 일어나는 많은 대사과정에서 중요한 역할을 담당하는 것으로 알려져 있습니다. 몇몇의 자폐 스펙트럼 장애를 가지고 있는 아이들에서 체내 비타민 C 농도가 낮은 것으로 관찰되었으며 비타민 C의 결핍이 자폐증과 연관될 수도 있다는 가설이 제기되기도 하였습니다. 이후 자폐 스펙트럼 장애를 가진 아이들에서 정상적인 체내 비타민 C 농도를 보인다는 기존의 연구결과를 반박하는 결과가 발표되기도 하였지만, 현재까지도 자폐 스펙트럼 장애를 가진 아동들에게 흔히 사용되고 있는 보완대체치료 중 하나입니다. 자폐 스펙트럼 장애 아동을 대상으로 30주가량 비타민 C(약 114mg/kg/d)를 사용하였을 경우 머리를 부딪치거나 반복해서 도는 등의 상동행동(stereotypical behaviors)이 의미 있게 감소되는 것을 확인할 수 있었으며, 이때 뚜렷한 부작용은 관찰되지 않았습니다. 흔히 비타민 C의 경우 단독으로 나오는 제제로 사용되기보다는 비타민 복합체의 한 구성 요소로 사용되고 있습니다. 일반적으로 뚜렷한 부작용이 없다고 알려져 있으나 개인별로 비타민 C에 대한 내성(tolerance)은 다양한 것으로 알려져 있기 때문에 과다복용을 하는 경우 복통이나 설사와 같은 부작용을 일으킬 수도 있으므로 이러한 증상을 보일 경우 의사의 처방에 따르는 것이 필요합니다.

(4) DMG

DMG란 디메틸글라이신(Dimethyl glycine)의 줄임말로 가장 단순한 아미노산인 글라이신에서 합성된 비타민의 일종입니다. DMG는 아미노산, 호르몬, 신경전달물질, DNA 등 인체 내 여러 중요한 물질을 합성하는 데 관여하는 약간 단맛이 나는 물질로, 흔히 건강식품으로 구입이 가능합니다. 법적으로 식품으로 분류되어 의사의 처방 없이도 구할 수 있으나 우리나라에는 잘 알려지지 않은 실정입니다. 1965년 러시아에서 지적 능력이 저하된 아이들을 대상으로 '비타민 B_{15}'라고 불리는 물질을 투여하였는데 단어가 늘어났을 뿐만 아니라 간단한 문장을 말하게 되었고, 장난감이나 게임에 대한 집중력과 흥미도 증가되는 것이 관찰되었습니다. 이후의 연구에서 이러한 변화를 일으킨 중요한 인자가 DMG임이 밝혀져서 대중에 알려지기 시작하였습니다. 하지만 최근에 시행된 2개의 이중 맹검 연구에서는 DMG를 복용하였을 때 자폐 스펙트럼 장애로 진단받은 환자군과 대조군에서 뚜렷한 차이를 보이지 않은 것으로 밝혀졌으며, 일부 환자군에서만 통계적으로 의미 있지는 않았지만 행동상의 호전이 관찰되었습니다. 이러한 결과는 연구 참여자들이 다양한 특성을 가진 집단으로 구성되어 있기 때문이라고 생각되며, 현재까지는 자폐 스펙트럼 장애를 가진 환자에게 도움이 된다고 결론을 내릴 수는 없는 상태입니다.

(5) 오메가 3 지방산

다중불포화 지방산(Polyunsaturated fatty acids), 특히 오메가 3 지방산(omega 3 fatty acids)의 경우 뇌 발달에 있어서 인지적 발달과 기억 관련 학습능력을 개선하고 신경세포막의 가소성을 증가시키며 시냅스의 정보전달에 중요한 역할을 한다고 알려져 있습니다. 그런데, 자폐 스펙트럼 장애 환자군에서는 오메가 3 지방산의 혈청 수준이 대조군에 비해서 낮은 것으로 관찰되는 등 DHA (Docosahexaenoic acid)결핍이 자폐 스펙트럼 장애에서 흔히 보이는 인지 및 행동 결핍과 관련되어 있다는 몇몇 증거들이 제시되고 있습니다. 또한 저체중의 조산아인 경우 자폐증의 발생이 높으며, 임신 후반기 동안의 DHA의 축적이 높다는 것은 DHA의 결핍과 자폐증 사이에 관련성이 있을 것이라는 것을 시사합니다.

자폐 스펙트럼 장애를 진단받은 호주 환아들을 대상으로 오메가

3 지방산을 6주간 복용시켰을 때 자폐 스펙트럼 장애군은 대조군에 비해서 과행동성과 반복적인 행동에 있어서 호전을 보였습니다. 해당 연구에서는 오메가 3 지방산의 투여로 인한 부작용으로 약한 위장관장애 이외에 뚜렷한 부작용은 관찰되지 않았습니다. 또 다른 연구에서 2명의 아스퍼거 장애와 7명의 자폐 스펙트럼 장애 아동에게 860mg의 EPA(Eicosapentaenoic acid)와 300mg의 DHA를 투여하였을 때 부모들은 일반적인 건강, 수면, 집중력, 눈 맞춤, 공격성, 과활동성 부문에서 호전을 보였다고 보고하였습니다. 하지만 이상의 결과들은 일부 연구에서만 확인되었을 뿐이고 효과를 보이지 않다고 제시되는 연구들도 많은 실정입니다. 최근의 체계적 문헌 고찰에서 오메가 3 지방산이 자폐 스펙트럼 장애의 치료에 있어서 효과성을 가지는지에 대해서는 증거가 불충분하며 더 많은 연구가 필요한 상태라고 지적하고 있는 상태입니다.

(6) 세크레틴

세크레틴(secretin)은 27개의 아미노산으로 구성된 일종의 소화기계의 호르몬으로 원래는 미국 식품의약국(FDA)에서 위장약으로 허가를 받았으나 별다른 부작용이 없고 자폐 스펙트럼 장애에서 효과가 있다고 알려져 비교적 광범위하게 자폐 스펙트럼 장애의 보조치료제로서 사용되어 온 물질입니다. 세크레틴이 자폐 스펙트럼 장애에서 하나의 보완대체치료로 주목받게 된 것은 1983년 위 내시경 검사과정에서 세크레틴을 투여 받았던 3명의 자폐증 환아들에게서 내시경 이후에 눈 맞춤, 언어, 각성상태 등이 호전된 것을 부모들이 발견한 것이 발단이 되었습니다. 당시 담당의사는 부모들이 주장했던 호전결과에 대해서 다소 냉소적이었으나 해당 부모들이 담당 의사를 설득하여 재투여하였고, 부모들이 주장하였던 긍정적인 효과가 다시 확인되어 이후 선풍적으로 인기를 끌게 되었습니다. 당시에 'secretin: cure or snake oil for autism in the new millennium?'이라는 제목으로 자폐 관련 임상의사나 부모들에게 열광적인 지지를 받았으나 이후 연구에서는 긍정적인 결과가 재현되지는 못했습니다. 700명이 넘는 자폐 스펙트럼 장애 아동들을 대상으로 시행된 다양한 연구에서 대조군에 비해서 의미 있는 효과를 보이지 않았으며 최근에는 자폐 스펙트럼 장애의 치료에 있어서 세크레틴 치료는 근거가 부족하다고 결론을 내린 상태입니다. 결론적으로 세크레틴이 일부 자폐 스펙트럼 장애 환아들에게서 증상의 호전을 일으키는 것으로 생각되나 위약효과 이상을 기대하기 힘들다고 결론을 내리고 있어 세크레틴이 자폐 스펙트럼 장애에서 하나의 치료로 인정받기 위해서는 더 많은 연구가 필요한 실정입니다.

(7) 조절 식이: 글루텐/카세인 제거식이

비타민의 공급 또는 다른 영양학적 물질의 공급이 자폐 스펙트럼 장애를 가진 아이들에게서 증상의 호전을 가져올 수 있다는 생각과 더불어 식이를 조절하는 것, 즉 조절 식이가 행동학적 개선의 효과가 있을 거라는 가정이 일반적으로 받아들여졌습니다. 특히 글루텐(gluten: 주로 밀가루 계통에 있는 단백질) 또는 카세인(casein: 주로 우유제품에 있는 단백질)을 체내에서 제거하는 것이 자폐 스펙트럼 장애의 증상 악화를 막고 아이의 문제행동을 개선시킨다는 주장이 제시되었습니다. 하지만 자폐 스펙트럼 장애를 가진 아이들의 소변에서 글루텐과 카세인의 대사물질 농도가 증가되어 있다는 보고는 불명확하며, 이러한 조절 식이를 한 이후에 자폐증상이 호전을 보였다는 보고 또한 주관적인 것일 뿐 이를 입증할 만한 증거는 없는 실정입니다. 또한 이러한 자폐증상의 호전이 유당 불내성(lactose intolerance) 환자들에 있어서 유당을 제거한 것 때문인지, 단백질의 원료 또는 구성을 변화시켜서 일어난 것인지에 대해서는 완전히 이해되지 않은 상태입니다.

자폐 스펙트럼 장애를 가진 아이들에게 조절 식이를 적용하는 것에는 반드시 적절한 영양분이 공급되는지에 대한 관리감독이 필요합니다. 자폐 스펙트럼 아이들에게 글루텐/카세인 제거식이를 시행하였을 때 아이들 중 일부에서 트립토판(tryptophan)이나 타이로신(thyrosine)과 같은 혈중 필수 아미노산 수준이 일반 아이들에 비해서 낮은 것으로 관찰되었으며, 글루텐/카세인 제거식이를 하였을 때

글루텐 제거 식이

[그림 5-2] 글루텐/카세인 제거식이

골피질(cortical bone)의 두께가 일반적인 아이들에 비해서 얇다는 결과가 발표되기도 하였습니다. 결국 글루텐/카세인 제거식이를 시행하고 싶은 경우 적절한 수준의 칼슘과 비타민 D가 공급되는지를 반드시 염두에 두어야 하며, 성장기에 필수적 영양소인 단백질의 보충을 위해서 영양사에게 조언을 구하는 것이 필요합니다. 조절 식이가 일부 아동에게 효과가 있다고 알려지면서 자폐 스펙트럼 장애를 가진 아이들의 부모들에서 많이 사용되는 보완대체치료 중에 하나이지만, 조절 식이를 시작한 지 2~3개월이 지나도 크게 효과를 보이지 않는 경우 이를 지속적으로 유지하기보다는 중단하는 것이 바람직합니다.

(8) 제독치료

제독치료의 경우 중금속에 의한 대사과정 이상이 자폐 스펙트럼 장애의 원인 중 하나라는 가설을 바탕으로 혈액 내에 있는 중금속을 제거하는 과정 또는 치료를 말합니다. 특히 수은과 같은 중금속의 축적이 과다할 경우 여러 질병이나 증상을 일으킬 수 있는 것으로 알려져 있고, 일부 연구에서는 자폐 장애와의 연관성에 대한 가설이 발표되기도 하였습니다. 대표적으로 자폐 장애, 이식증 그리고 납 중독 증상을 보이는 3명의 아이들을 대상으로 EDTA 칼슘2나트륨(calcium disodium edetate)을 주입하였을 때 혈중 납 농도가 감소하고 행동, 주의력, 기분, 학업 수행 정도가 향상되는 결과를 보였습니다. 그리고 2001년 65명의 자폐 스펙트럼 장애 아동을 대상으로 DMSA(2,3 dimercaptosuccinic acid)를 3일간 사용하였을 때 중금속이 소변으로 제거된다는 연구결과에 기초하여 이후 실시된 추가 연구에서도 마찬가지로 일부 환자군에서 소변으로 중금속이 제거되고 혈중 글루타티온(glutathione)의 농도가 정상화되며 일부 자폐 스펙트럼 장애 증상들에 있어서 호전을 보이는 것으로 관찰되었습니다.

　상기 실험적인 연구결과뿐만 아니라 일반적인 제독치료를 사용하였을 때 보호자들 중 약 50~74%는 아이들의 행동상의 호전을 보고하기도 하였지만 약 5~7%에서는 행동들이 악화되는 경험을 보고하기도 하였습니다. 이후 진행된 대규모의 역학조사 연구와 메타분석 연구들(metaanalysis studies)에서는 이러한 긍정적인 결과가 반복해서 입증되지 못했습니다. 이렇게 과학적인 증거가 불충분한 상황에서도 현재까지 많은 수의 제독치료가 대중적으로 시행되고 있는 상황이며, 2014년 5월에 미국 FDA에서는 검증되지 않은 자폐증 치료에 대한 권고에서 제독치료를 포함시켜서 발표하였습니다. 당시 제독치료와 함께 언급된 검증되지 않은 치료로는 고압산소치료, 미러클 미네랄 치료(miracle mineral solution), 해독진흙목욕(detoxifying clay baths), 코코키퍼 프로바이오틱 제품(CocoKefir probiotics products) 등이 있습니다. 결론적으로 말하면 현재까지 자폐 스펙트럼 장애 아이들을 대상으로 한 제독치료에 대한 효과나 안정성을 입증하는 제대로 된 비교연구는 없는 상태이며, 중요한 것은 제독치료를 시행하면서 부작용이 발생할 수 있다는 점입니다. 흔히 설사, 피곤함과 같은 경증의 부작용뿐만 아니라 혈액학적 이상, 경련, 간기능 이상, 전해질 이상, 퇴행 증상이 있을 수 있고, 심한 경우 저칼슘혈증(hypocalcemia, EDTA를 사용하는 경우 보고됨)과 같은 부작용을 일으켜 생명에 위협이 되는 경우도 있어 주의가 필요하며 부작용이 발생할 경우 주치의와 상의할 필요가 있습니다.

(9) 고압산소치료

고압산소치료는 질병이 발생하거나 손상된 조직세포에 고압력/고농도의 산소를 공급함으로써 치유와 재생기능을 증가시키는 방법으로 주로 감압병(decompression sickness), 공기 색전증(air embolism), 일산화탄소 중독증, 방사선치료 부작용 등에 사용되어 왔습니다. 최근 들어서 이러한 고압산소치료가 뇌의 산소 운반/공급을 증가시키고 염증을 낮춰 중추신경계 질환에 도움이 될 수 있다는 가설하에 다양한 중추신경계 질환(뇌성마비, 치매, 외상성 뇌 손상 등)에 사용되고 있으며, 비슷한 가정하에 자폐 스펙트럼 장애 아이들에게도 실험적으로 사용되고 있는 상태입니다. 일부 연구에서 1.3기압

[그림 5-3] 고압산소치료시설

의 고압산소치료를 40시간 정도 시행하였을 때 자폐 스펙트럼 장애의 전반적인 기능, 수용 언어, 사회적 상호작용, 눈 맞춤 등의 부문에서 호전을 보였다고 보고되었습니다. 하지만 이러한 연구결과에도 불구하고 고압산소치료는 고압력의 산소를 강제로 공급하는 방법이기 때문에 부비동, 귀, 관절부위의 미약한 통증부터 백내장, 신체마비뿐만 아니라 생명에 지장을 주는 색전증 등의 위험성을 가지고 있으며, 이러한 이유 때문에 미국 FDA에서는 자폐 스펙트럼 장애에 대해서 고압산소치료를 승인하지 않고 있습니다. 만약 고압산소치료를 사용한다면, 발생할 수 있는 모든 가능성에 대해서 의료전문가와 상의하는 것이 필요하다고 치료의 위험성에 대해서 경고하였습니다. 우리나라의 경우 일부 언론에서 고압산소치료의 긍정적인 효과에 대한 보도를 하면서 마치 최신 치료인 것처럼 여겨지는 경향이 있는데 실제 적용을 위해서는 더 많은 고려가 필요할 것으로 판단됩니다.

2) 심신 중재

(1) 뉴로피드백

자폐 스펙트럼 장애를 가진 아이들을 대상으로 뇌파검사(EEG)를 시행하였을 때 다양한 연결 증가와 저하(over- and under-connectivity) 양상이 측정되었습니다. 이러한 검사결과는 자폐 스펙트럼 장애 아이들의 치료에 뉴로피드백(neurofeedback)이 도움이 될 수 있다는 가능성을 제시하는 결과로 생각되었습니다. 자폐 스펙트럼 장애 아이들을 대상으로 뉴로피드백을 시행하였을 때 절반의 아이들에서 말하기, 사회적 상호작용, 인지 등의 증상들이 아무런 치료도 받지 않은 대조군에 비해서 호전을 보였습니다. 또한 다른 연구에서는 일주일에 2~3회, 회기당 12~30분, 총 10~20주가량 뉴로피드백을 시행한 결과, 주의집중력과 감각/인지 인식 능력이 향상되는 결과를 보이기도 하였습니다. 하지만 이러한 결과는 적은 수의 자폐 스펙트럼 장애 환자들을 대상으로 진행되었기 때문에 향후 대규모를 대상으로 추가적인 연구가 진행되어야 할 것으로 생각됩니다. 비교적 안전하다고 알려져 있지만 이를 적용하는 데 있어서는 개인에 따라 다소 민감하기 때문에 일반화해서 적용하는 것은 쉽지 않고, 현재까지 가격 또한 비싼 편이기 때문에 모든 자폐 스펙트럼 장애 아이들에게 일반적으로 추천되는 보완대체치료는 아닌 실정입니다.

(2) 이완요법

이완요법의 경우 명상/심상 유도요법과 더불어 흔히 사용되고 있는 심신의학적 중재(mind-body intervention) 중 하나입니다. 이완의 목적은 상상, 호흡운동, 바이오피드백, 요가 등의 다양한 특정 기법을 사용하여 시행대상이 이완상태에 들어갈 수 있도록 돕는 것입니다. 즉, 이완요법은 스트레스를 유발하는 신체적 반응인 '투쟁-회피 반응(fight or flight response)'에 반대하여 신체가 자연스럽게 이완하도록 돕는 것을 의미합니다. 이완요법과 관련하여 많은 연구들이 진행되지는 않았지만 2001년도에 자폐 스펙트럼 장애를 진단받은 소년들을 대상으로 지속적인 근육이완훈련을 시행하였을 때 이들이 가지고 있던 문제행동의 기간과 강도가 감소됨을 확인한 연구가 있었습니다. 그리고 이완에 기초를 둔 요가를 자폐 스펙트럼 장애 아이들에게 시행한 이후 프로그램 전후의 문제 행동 척도를 비교하였을 때 의미 있는 문제행동의 감소를 보였습니다. 이러한 결과들은 자폐 스펙트럼 장애를 가진 아이들이 흔히 보이는 문제행동을 다루는 데 있어서 넓은 의미에서 이완요법의 하나라고 생각되는 요가, 음악, 춤 등이 효과적인 치료방법이 될 수 있다는 것을 의미합니다. 하지만 이러한 연구들은 단기간 동안 문제행동에 초점을 맞추어서 진행되어 장기적으로 이러한 효과가 유지되는지에 대해 알 수 없을 뿐만 아니라, 문제행동 및 자폐 스펙트럼 장애의 주요 증상들에 대한 긍정적인 결과들은 없다는 제한점이 있습니다.

3) 수기 및 신체 기반 방법

(1) 마사지 치료

마사지 치료(Massage therapy)의 경우 신체의 일부분, 특히 근육이나 연결 조직의 표피부위에 조작을 가하여 신체기능을 향상시키거나 이완시켜 기분을 좋게 하는 역할을 하는 것으로 알려져 있습니다. 특히 자폐 스펙트럼 장애를 가진 아이들의 경우 진단기준에는 포함되어 있지 않으나 부모들에게서 흔히 표현되는 감각의 차이(sensory difference) 측면에서 이러한 마사지 치료가 도움이 될 수 있다는 주장이 제기되어 왔습니다. 많은 연구가 진행되지는 않았지만 일부 연구에서 마사지 치료를 시행하였을 때 자폐 스펙트럼 장애의 전반적인 증상에서 호전이 관찰되었으며, 사회적 관계성, 수면, 언어, 사회적 의사소통 그리고 반복적인 언어 사용/행동, 주의력, 불안 등의 증상에 있어서 효과를 보였습니다. 이러한 결과들은 마사지 치료가 소아청소년 자폐 스펙트럼 환아들에게 도움이 된다는 것을 의미하기는 하지만 이를 일반화하기 위해서는 대규모의 좀 더 객관적인 연구결과들이 뒷받침되어야 하는 실정입니다. 임상적으로 마사지 치료의 경우 비교적 안전하며 비용이 저렴하고, 실제로 부모가 치료 기술을 습득하여 아이들에게 시행한다면 부모-자녀 관계에도 도움이 될 수 있기 때문에 추천할 수 있습니다.

(2) 청각통합치료

청각통합치료의 경우 1960년대에 프랑스의 Bernard에 의해 처음 개발되어 현재 우리나라에서도 일부에서 시행되고 있는 치료방법 중에 하나입니다. 이전부터 자폐 스펙트럼 아이들의 경우 소리 자극(청각 자극)을 걸러 내고 이를 처리하는 기능에 어려움이 있다는 사실이 널리 알려져 있었습니다. 일부에서는 자폐 장애 환자들의 경우 특정한 소리에 대한 과민성을 줄여 주기 위해서 훈련을 하면 집중력이 향상되고 행동에까지 긍정적인 영향을 미칠 수 있으며, 이를 근거로 청각통합훈련(치료)을 시행하는 것이 이러한 장애를 가진 아이들에게 도움이 될 수 있다고 주장하였습니다. 청각통합훈련에는 다양한 방식이 있지만 일반적으로 시행되는 청각통합훈련은 헤드폰을 사용해서 전자적으로 변형된(electronically modified) 음악, 목소리, 소리를 듣고 듣는 능력을 향상시키는 방법을 사용하게 됩니다. 먼저 청력검사(audiometry)를 시행하여 특정 음역에서의 소리에 대한 지각 정도를 확인하고 그 결과를 토대로 총 20회 정도의 청각통합훈련을 실시하여, 자폐 스펙트럼 장애 아이들에게서 보이는 예민한 음역대를 제거하거나 둔감한 음역대를 강화시키는 방법으로 사용합니다. 최근에 시행된 체계적 문헌 고찰에서는 청각통합훈련을 실시하게 되면 집중력, 언어와 청각 이해 등이 증가되고 소리에 대한 과민성이 감소된다고 보고하였습니다. 하지만 이러한 연구들은 자폐 장애를 가진 아이들에게 청력검사를 정확히 시행하기 어렵다는 점, 훈련 시 사용하는 변형된 소리들의 안정성이 입증되지 않은 점, 어떤 기전으로 효과를 보이는지 등에 대한 의문점 또는 제한점이 남아 있는 상태로, 이를 당장 자폐 스펙트럼 장애의 치료에 적용하기 어렵다는 점 등의 단점이 있습니다. 이에 따라 미국 소아과협회에서는 청각통합치료를 현재까지 증거가 부족한 치료로 판단하여 '연구목적'으로 시행하는 것에는 찬성하지만 '치료목적'으로 사용되는 것에 대해서는 추천하지 않고 있습니다.

4) 에너지 치료

경두개 자기 자극

경두개 자기 자극(Transcranial magnetic stimulation) 치료는 두피 가까이에 자기 코일을 갖다 대어 두부 표면(scalp)에서 유도시킨 국소 자기장 파동을 이용하여 두뇌 피질을 자극할 수 있도록 하는 비침습적인 방법입니다. 경두개 자기 자극의 경우 자극 강도와 위치를 조절할 수 있고, 안전 지침을 따른다면 경련의 위험도도 낮으며, 특별한 부작용은 없는 편으로 알려져 있습니다. 개발 당시에는 주로 우울증, 주의력결핍 장애 등의 질환에서 사용되었지만 최근 들어서는 자폐 스펙트럼 장애에서 피질 뉴런(cortical neuron)의 과도한 연결성이나 다른 신경학적 기능을 검사하기 위한 목적으로 사용되는 추세입니다. 30명의 자폐 스펙트럼 장애 아이들을 대상으로 반복적인 경두개 자기 자극 치료(총 여섯 차례에 걸쳐 매회 15분씩 낮은 주파수의 자기 자극을 가함)를 시행하였을 때 반복행동, 사회성 등에 있어서 증상의 호전을 보였습니다. 이때 나타나는 부작용으로는 가벼운 두통 이외에 다른 부작용은 관찰되지 않았습니다. 그리고 25명의 자폐 스펙트럼 장애를 진단받은 아이들을 대상으로 시행한 다른 연구에서는 사건유발전위(event-related potential)의 개선이 관찰되었으며, 주의력과 짜증스러움(irritability) 그리고 반복행동이 줄어들었다는 보고가 있습니다. 하지만 이런 예비 연구 외에 자폐 스펙트럼 장애의 치료로서 경두개 자기 자극 또는 다른 자기 치료들의 효과에 대한 연구는 거의 보고되지 않는 상태입니다.

5) 대체의학체계

침술

침술의 경우 전통적인 중국 의학에 기초하여 바늘(needle)을 신체에 꽂음으로써 '기(energy)'의 흐름을 원활하게 하여 심신을 개선하는 것을 목표로 하는 치료법을 의미합니다. 우리나라에서는 보완대체의학이 아니라 하나의 의학으로 인정하고 있는 상태로, 본 지침서에서는 외국문헌에 나온 자료를 기초로 작성하였다는 것을 먼저 밝힙니다. 기존의 효과를 살펴보면 3~13세의 자폐 스펙트럼 장애 환아들을 대상으로 총 4~36주에 (주당 2~5회) 걸쳐서 15~30분간 침술을 시행하였을 때 주의력, 반복적인 언어, 자기 관리, 언어, 전반적인 기능, 그리고 의사소통의 측면에서 호전을 보였으며, 부작용은 거의 관찰되지 않았습니다. 또한 최근에는 침술의 효과를 뇌영상에서 입증하려는 시도가 진행되고 있으며 좌측 대뇌 전두엽, 두정엽, 측두엽, 후두엽, 해마, 소뇌부위에서 침술치료 후 뇌혈류가 증가되는 결과가 보고되기도 하였습니다. 침술치료의 효과를 객관적으로 밝히고자 하는 최근의 시도에도 불구하고 연구는 극히 제한적인 수준에서 소규모를 대상으로 진행된 상태라서 효과를 일반화하기는 어려운 상황입니다.

7. 근거기반에 중점을 둔 보완대체치료의 분류

권고 도출의 근거자료로 사용된 문헌은 다음의 기준을 적용하여 근거 수준 등급을 다음과 같이 다섯 가지로 분류하여 제시하였습니다(NHLBI 기준).

〈표 5-3〉 근거 수준 등급의 정의

근거 수준	정의
A	권고 도출의 근거가 명백한 경우 1개 이상의 무작위임상연구(RCT) 혹은 메타분석 혹은 체계적 문헌 고찰(SR)
B	권고 도출의 근거가 신뢰할 만한 경우 1개 이상의 잘 수행된 환자 대조군 연구 혹은 코호트 연구와 같은 비 무작위임상연구(Non-RCT)
C	권고 도출의 근거가 있으나 신뢰할 수는 없는 경우 관찰연구, 증례보고와 같은 낮은 수준의 관련 근거
D	권고 도출의 근거가 임상경험과 전문성을 기반으로 한 전문가 의견(expert opinion)인 경우
N	권고 도출의 근거가 불충분하여 명백한 결론을 내기 어려운 경우

〈표 5-4〉 권고 수준의 등급화와 표기(USPSTF 기준)

근거 수준	정의
A	양호한 과학적 증거가 충분하며 임상에서 사용하였을 때 얻을 수 있는 이익이 잠재적인 위험을 초과하는 경우로 임상적으로 사용하는 것을 권함
B	적어도 하나 이상의 양호한 과학적 증거가 있으며 임상에서 사용하였을 때 얻을 수 있는 이익이 잠재적인 위험보다 큰 경우로 일부분의 환자에서 사용을 고려함
C	적어도 하나 이상의 양호한 과학적 증거가 있으나 임상에서 사용하였을 때 얻을 수 있는 이익과 잠재적인 위험이 비슷하여 개별적 고려가 필요한 경우로 일부분의 환자에서 사용하지 않는 것을 고려할 수 있음
D	적어도 하나 이상의 양호한 과학적 증거가 있으나 위험성이 잠재적 이익에 비해서 큰 경우로 사용하지 않는 것을 권고함

	과학적 증거가 부족하거나 이익과 위험에 대한 평가가 대립하는 경
N	우로 근거가 불충분하여 명백한 결론을 내리기 어려움

〈표 5-5〉 **자폐 스펙트럼 장애에서 흔히 시행되고 있는 보완대체치료의 근거 수준과 권고 강도**

치료법	근거 수준	권고 등급
멜라토닌	A	A (수면 문제 시)
비타민 B_6/마그네슘	B	C
비타민 C	B	B
DMG	B	D
오메가 3 지방산	B	C
세크레틴	A	C
제독치료	C	C
식이요법-글루텐/카세인 제거 식이	B	C
고압산소치료	B	D
뉴로피드백	C	C
이완요법 및 요가	C	C
마사지 치료	C	C
청각통합치료	B	C
경두개 자기 자극	N	N
침술	C	N

8. 자폐 스펙트럼 장애에서 보완대체치료의 임상적 지침

앞서 살펴본 바와 같이 자폐 스펙트럼 장애에서 현재 사용되는 보완대체치료에 대한 요구는 환자나 보호자들로부터 항상 있어 왔지만 이에 대한 연구는 제한적으로 이루어지고 있는 상태입니다. 임상가들은 근거가 부족한 상태에서 흔히 시행되고 있는 보완대체치료에 대해서 부작용 등을 우려해서 강하게 권하지는 않고 있는 상태이나 이와는 반대로 새로운 방법을 개발하기 위한 연구진들은 환자나 보호자들에게 새로운 보완대체치료에 대해서 권고하고 적용하고 있는 실정입니다. 이러한 측면에서 자폐 스펙트럼 장애를 진단받고 전통적인 치료방법 이외에 다른 보완대체치료를 시행하는 데 있어서 적절한 전문가의 개입이나 관리감독이 필수적인 요소라고 할 수 있습니다.

다음 내용은 최근 Lofthouse 등(2012)의 보완대체치료를 사용함에 있어서 임상가와 환자 그리고 보호자들이 알아야 할 내용에 대한 제안 중 일부를 발췌한 것입니다.

1. 많은 보완대체치료들이 자폐 스펙트럼 장애의 다양한 증상 중 일부 증상의 개선을 목표로 하기 때문에 초기 임상적 평가를 시행할 때 이러한 부분에 좀 더 많은 관심을 가져야 합니다. 자세한

병력 검토, 심리학적/발달학적 평가, 가족 평가, 식이 조사, 신체 검사, 혈액검사(납 농도 측정 포함) 등을 시행하여 특별한 보완 대체치료가 필요한지 여부를 따져야 하며 꼭 그럴 필요가 없다면 전통적인 치료방법이 추천됩니다.

2. 환자와 그 가족들은 보완대체치료를 실시하기 전에 자신의 주치 의에게 보완대체치료의 적용에 대해서 상의할 필요가 있습니다. 부작용이 덜 하다고 알려져 있는 자연 대체 요법(예를 들어, '자 연 허브' 등의 복용)일지라도 기존에 복용하던 약물 등과 상호작 용을 일으킬 수 있으므로 이를 알리는 것은 반드시 필요합니다.

3. 보완대체치료를 실시하는 경우에 환자가 이용할 수 있는 자원 (돈, 시간, 노력)뿐만 아니라 가족들의 상황까지도 고려되어야 합니다.

4. 보완대체치료는 개인별로 보이는 증상 및 상황에 따라서 적절히 선택해야 하고, 객관적인 데이터를 통해서 효과의 유무를 판단해 야 하며, 일부 환자에게 효과가 있다고 해서 이를 전체 환자에게 일반화시키기는 어렵다는 것을 인지해야 합니다.

5. 환자와 그 가족들에게 충분한 생물학적/심리사회학적 정보 또는 교육들이 제공되어야 합니다. 보완대체치료에 대해서 정확한 정 보를 제공하여 잘못된 선택을 하는 것을 막고 환자나 보호자들이 적절한 선택을 하도록 돕는 것이 필요합니다.

6. 우리나라와 외국에서 다양한 심리교육(psychoeducation)에 대한 정보를 얻을 수 있는 곳은 다음과 같습니다.

- 대한소아청소년 정신의학회: http://www.kacap.or.kr

- 한국자폐학회: http://www.autism.or.kr
- 기쁨터(발달장애아 가족 자조모임): http://www.joyplace.org/
- Autism Speaks: http://www.autismspeaks.org/
- Autism Speaks(한국): https://www.autismspeaks.org/family-services/non-english-resources/korean
- National Institute of Health (NIH) National Center for Complementary and Alternative Medicine: http://www.nccam.nih.gov/
- Autism Science Foundation: http://www.autismsciencefoundation.org/
- Research Autism: http://www.researchautism.net/pages/welcome/home.ikml

9. 제언

자폐 스펙트럼 장애뿐만 아니라 많은 질환에서 보완대체치료의 수요가 전 세계적으로 증가하고 있으며 이미 널리 사용 중인 상태이나 대부분의 보완대체치료의 경우 치료 효과나 안정성이 과학적으로 검증되지는 않은 상태입니다. 그럼에도 불구하고 보완대체치료가 기존의 전통적인 치료법들을 대체할 수 있는 것처럼 과대 포장되거나 잘못된 방법으로 사용되는 경우가 많아 이를 사용하는 많은 환자나 보호자에게 경제적 손실, 부작용, 심지어 생명의 위협까지 일으키고 있습니다. 더욱이 잘못된 정보가 제공되어 일부에서는 보완대체치료만을 고집하는 경우까지 생기면서 전통적인 치료 시기를 놓쳐 이후 좋지 않은 결과를 일으키기도 합니다.

이러한 문제점을 지니고 있는 보완대체치료에 대해서 외국에서는 '통합의학(Integrative medicine)'이라는 학문을 도입하여 합리적이고 과학적인 방법을 사용해서 현대의학의 한 분야로 수용하고 받아들이기 위해서 수많은 연구, 교육, 법적 장치 마련 등에 노력을 기울이고 있습니다. 현재 우리나라의 경우에는 이러한 것들이 거의 이루어지지 않고 있는 실정이며, 특히 우리나라의 경우 '한의학'이라는 학문이 같이 시행되고 있기 때문에 보완대체치료에 대한 적극적인 이해와 연구 등이 반드시 시행되어야 할 것으로 생각됩니다.

참고문헌

김경민, 이인철, 이석범, 이경규, 백기청, 이정엽, 임명호(2014). 정신지체 및 자폐 스펙트럼 장애에서 다양한 치료방법의 사용실태. 소아청소년정신의학, 25(2), 73-81.

Christon, L. M., Mackintosh, V. H., & Myers, B. J. (2010). Use of complementary and alternative medicine (CAM) treatments by parents of children with autism spectrum disorders. *Research in Autism Spectrum Disorders, 4*(2), 249-259.

Cuzzolin, L., Zaffani, S., Murgia, V., Gangemi, M., Meneghelli, G., Chiamenti, G., & Benoni, G. (2003). Patterns and perceptions of complementary/alternative medicine among paediatricians and patients' mothers: A review of the literature. *European journal of pediatrics, 162*(12), 820-827.

Goin-Kochel, R. P., Myers, B. J., & Mackintosh, V. H. (2007). Parental reports on the use of treatments and therapies for children with autism spectrum disorders. *Research in Autism Spectrum Disorders, 1*(3), 195-209.

Hardeland, R., Cardinali, D., Srinivasan, V., Spence, D., Brown, G., & Pandi-Perumal, S. (2011). *Melatonin—A pleiotropic, orchestrating regulator molecule Progress in Neurobiology, 93*(3), 350-384.

Kumar, B., Prakash, A., Sewal, R. K., Medhi, B., & Modi, M. (2012). Drug therapy in autism: A present and future perspective. *Pharmacological Reports, 64*(6), 1291-1304.

Levy, S. E., & Hyman, S. L. (2008). Complementary and alternative medicine treatments for children with autism spectrum disorders. *Child and Adolescent Psychiatric Clinics of North America, 17*(4), 803-820.

Lofthouse, N., Hendren, R., Hurt, E., Arnold, L. E., & Butter, E. (2012). A review of complementary and alternative treatments for autism spectrum disorders. *Autism research and treatment,* 2012.

Rossignol, D. A. (2009). Novel and emerging treatments for autism spectrum disorders: A systematic review. *Ann Clin Psychiatry, 21*(4), 213-36.

US Department of Health and Human Services. (2013). The use of complementary and alternative medicine in the United States. National Center for Complementary and Alternative Medicine Website. http://nccam. nih. gov/news/camstats/2007/camsurvey_fs1. htm. Updated February, 20.

Wong, H. H., & Smith, R. G. (2006). Patterns of complementary and alternative medical therapy use in children diagnosed with autism spectrum disorders. *Journal of Autism and Developmental Disorders, 36*(7), 901-909.

Wong, V. C. N. (2009). Use of complementary and alternative medicine (CAM) in autism spectrum disorder (ASD): Comparison of Chinese and western culture (Part A). *Journal of autism and developmental disorders, 39*(3), 454-463.

Xue, C. C., Zhang, A. L., Lin, V., Da Costa, C., & Story, D. F. (2007). Complementary and alternative medicine use in Australia: A national population-based survey. *The Journal of Alternative and Complementary Medicine, 13*(6), 643-650.

찾아보기

저자 소개

대표저자 **김붕년**(KIM, BUNG-NYUN, M.D., Ph.D.)

서울대학교 의과대학 석사 · 박사

한국자폐학회 회장(2012~2013년)

대한소아청소년정신의학회, 대한청소년정신의학회, 대한신경정신의학회 이사

서울시 소아청소년 광역정신보건센터장

서울시 중구정신건강증진센터장

서초구 정신건강증진센터 자문위원, 서울시 아이존 자문위원

현 서울대학교 의과대학 소아청소년정신과 교수

　서울대학교병원 어린이병원 소아청소년정신과장

김준원

중앙대학교 일반대학원 정신과학 석사 · 박사

중앙대학교병원 전공의

국립공주병원 공중보건의사 및 소아청소년정신과장

충남광역정신건강증진센터 및 중구정신건강증진센터 자문의

서울대학교병원 정신건강의학과 연구임상강사

대구가톨릭대학교 정신건강의학과 조교수

현 대구가톨릭대학교 정신건강의학과 교수

　　한국중독정신의학회 연구간사

권미경

서울대학교 간호대학 아동간호학 박사수료

서울대학교 어린이병원 소아청소년정신과 간호사

정신건강의학과, 소아청소년정신과, 내과, 진료협력센터 수간호사

현 서울대학교 어린이병원 소아청소년정신과 정신전문간호사

윤선아

이화여자대학교 특수교육학 석사 · 박사

『교육진단 및 교수계획을 위한 장애 유아 진단 및 평가』(공저, 2009, 학지사), 『SCERTS 모델 2권: 프로그램 계획 및 중재』(공역, 2016, 학지사) 등 다수 저 · 역

현 이화여자대학교 특수교육과 겸임교수

　　서울대학교병원 소아청소년정신과 특수교사

강태웅

전북대학교 의과대학 졸업

소아청소년정신과 전문의

서울대학교병원 소아정신과 전임의 수료

현 아이나래 정신건강의학과 청주점 원장

　　대한소아청소년정신의학회 평생회원

　　아동정신치료학회 정회원

한일웅

숭실대학교 사회복지학과 일반대학원

정신보건사회복지사 1급

서울시 사회복귀시설협회 이사

한국정신보건사회복지사협회 인천부천지회장 및 학술위원

현 서울시 종로아이존 센터장

발달단계별, 특성별로 접근한

자폐부모 교육

Evidence Based Parent Education for ASD:
According to Developmental Level and Medical Characteristics

2017년 1월 20일 1판 1쇄 발행
2022년 3월 20일 1판 5쇄 발행

지은이 • 김붕년 · 김준원 · 권미경 · 윤선아 · 강태웅 · 한일웅
펴낸이 • 김 진 환
펴낸곳 • ㈜ **학지사**
　　　　　04031 서울특별시 마포구 양화로 15길 20 마인드월드빌딩 5층
대표전화 • 02) 330-5114　　팩스 • 02) 324-2345
등록번호 • 제313-2006-000265호

홈페이지 • http://www.hakjisa.co.kr
페이스북 • https://www.facebook.com/hakjisabook

ISBN 978-89-997-1123-7 93370

정가 **13,000원**

이 도서의 국립중앙도서관 출판시도서목록(CIP)은 서지정보유통지원시스템
홈페이지(http://seoji.nl.go.kr)와 국가자료공동목록시스템(http://www.nl.go.kr/kolisnet)
에서 이용하실 수 있습니다.
(CIP제어번호: CIP2016030899)

출판 · 교육 · 미디어기업 **학지사**

간호보건의학출판 **학지사메디컬** www.hakjisamd.co.kr
심리검사연구소 **인싸이트** www.inpsyt.co.kr
학술논문서비스 **뉴논문** www.newnonmun.com
원격교육연수원 **카운피아** www.counpia.com